NONGYE BUTIE ZHENGCE
JINGJI XIAOYING PINGGU YANJIU

农业补贴政策
经济效应评估研究

江朦朦 著

重庆大学出版社

图书在版编目（CIP）数据

农业补贴政策经济效应评估研究／江朦朦著. -- 重
庆：重庆大学出版社，2020.10
ISBN 978-7-5689-2482-5

Ⅰ.①农… Ⅱ.①江… Ⅲ.①农业—政府补贴—财政
政策—经济效果—研究—中国 Ⅳ.①F812.8

中国版本图书馆 CIP 数据核字(2020)第 227766 号

农业补贴政策经济效应评估研究

江朦朦 著

策划编辑:鲁 黎

责任编辑:杨 敬   版式设计:鲁 黎
责任校对:刘志刚   责任印制:张 策

*

重庆大学出版社出版发行
出版人:饶帮华
社址:重庆市沙坪坝区大学城西路 21 号
邮编:401331
电话:(023)88617190 88617185(中小学)
传真:(023)88617186 88617166
网址:http://www.cqup.com.cn
邮箱:fxk@ cqup.com.cn (营销中心)
全国新华书店经销
重庆俊蒲印务有限公司印刷

*

开本:720mm×1020mm 1/16 印张:11 字数:205 千
2020 年 10 月第 1 版 2020 年 10 月第 1 次印刷
ISBN 978-7-5689-2482-5 定价:68.00 元

前　言

由于农业的公共品属性、弱质性及其在国民经济中的基础性地位,世界主要国家均对农业实施支持保护政策。农业补贴政策是国家对农业支持与保护政策体系中最主要的政策工具。自2004年以来,党和国家取消农业税,先后制定和实施了以粮食直接补贴、农资综合补贴、良种补贴为代表的农业补贴政策,各项政策均有其独特的细分目标,总体目标在于保障粮食安全、稳定农业生产、提高农民收入、促进村全面振兴。但农业补贴政策能否达到预期目标,则严重依赖于政策的实际执行情况。那么,农业补贴政策在实践中是如何执行的? 是否与制定的一致? 能否达到预期目标? 以上问题得到了政界、学界和社会各界的广泛关注。回答以上问题,对党和政府制定、完善农业补贴政策,更好地解决"三农"问题,推动乡村振兴战略的全面实施,具有重大的现实意义和实践价值。

本书研究目标:从理论上分析和讨论不同农业补贴政策的经济效应,归纳和梳理农业"三项补贴"(粮食直接补贴、农资综合补贴、良种补贴)政策的实际执行情况,探讨实施农业"三项补贴"的实际效果,为党和政府制定、完善农业补贴政策提供科学的研究依据。

为达到以上目标,本书主要研究了如下内容:①借鉴生产者行为理论和消费者行为理论,构建理论分析框架,探讨农业"三项补贴"的经济效应,并提出理论命题。②归纳和梳理农业"三项补贴"政策的实际执行情况,结合理论命题,提出实证研究假说。③运用2006—2015年湖北省县级宏观面板数据,对农业"三项补贴"政策的实际效果进行实证分析,验证实证研究假说。

研究结果表明:①农业"三项补贴"发挥了积极作用。第一,农业"三项补贴"政策中的良种补贴政策对提高粮食单产(产量)具有显著的正向影响。第二,农业"三项补贴"中的粮食直接补贴政策与农资综合补贴政策对粮食播种面积(产量)

具有一定的积极作用。第三,农业"三项补贴"政策中的农资综合补贴政策对农业现代化(农业机械化)具有显著的正向影响。理论和实证分析结果都表明,农资综合补贴对农业现代化(农业机械化)具有显著的正向影响。第四,农业"三项补贴"政策对提高农民收入均具有显著的正向影响。②农业"三项补贴"政策效应递减,效能在降低。第一,农业"三项补贴"政策已演变成农民的收入补贴,政策缺乏指向性、精准性和实效性。第二,农业"三项补贴"政策并未与农业(粮食)生产相挂钩,政策的效应递减,政策效能逐步降低。

根据研究结论,本书提出如下政策建议:①调整完善农业"三项补贴"政策,包括提高政策的指向性、精准性和实效性,提高政策效能;保持补贴政策的连续性、稳定性,保障广大农民的基本利益,通过"绿箱政策"加大对农业农村的支持力度。②提高补贴资金的使用效率,包括推进涉农资金适当归并整合,实施差异化的补贴政策,拓宽补贴资金来源,扩大农业补贴对象,促进补贴向新型经营主体倾斜,强化对粮食适度规模经营的支持。③改进和创新农业补贴政策的补贴方式,包括按固定标准发放农业保护支持补贴,加强和增设强农补贴政策,补贴方式以"绿箱"补贴为主,创新农业补贴发放方式,防止涉农补贴资金的漏损。④加强农业补贴政策的宣传和执行监督,包括采取多种渠道宣传农业补贴政策,加强农业补贴监督机制建设,推进农业补贴法治化。

本书的主要创新点:①构建全新的理论分析框架。本书构建了农业"三项补贴"政策经济效应的理论分析框架,详尽而严谨地分析了农业"三项补贴"政策的经济效应,并提出了9个理论命题。②采用县级宏观数据和新的研究视角。既有文献多采用微观数据来评估农业补贴政策的效果,存在"只见树木不见森林"的弊端,本书采用2006—2015年湖北省县级宏观面板数据,丰富了既有文献,提供了新的研究视角。

作　者

2020 年 6 月

目　录

1 导 论

1.1 研究背景及意义

1.1.1 研究背景

农业是人类的生存之本,为一切生产活动提供了必要条件,是社会稳定和经济发展的基础,其重要性不言而喻。然而,农业生产受自然环境的制约,具有先天的弱势,还具有低效益、高风险的特点。同时,伴随着我国社会主义经济市场化,"三农"问题日益凸显。因此,近年来,中央高度重视"三农"问题,出台了一系列强农惠农的政策,对"三农"的财政支持和保护力度不断增强。农业补贴是农业政策中最主要、最常用的政策工具,是政府通过行政手段向农产品生产、流通及贸易环节提供转移支付的方式。它能使农业领域得到扶持和保护,对促进农业发展、国民经济健康运行及保护农民利益起着十分重要的作用,在世界各国经济政策中占有重要的地位。我国历年高度重视农业补贴政策,特别是 21 世纪以来,我国进入"工业反哺农业、统筹城乡区域发展"的新阶段,出台且实施了一系列的农业补贴政策,对农业领域的保护和支持力度持续增强。从 2004 年至 2018 年,中央一号文件连续15 年聚焦"三农",都有关于农业补贴的内容。2004 年中央一号文件明确提出"强化对农业的支持保护",推行"两减免、三补贴"政策,直接补贴种粮农民、部分地区农民,推行良种与农机购置补贴。2006 年,我国全面取消农业税,同时政府开始推行农资综合补贴政策,削弱柴油、化肥等农资在价格上涨后对粮食生产造成的影响。此后几年,中央明确提出要加大农业补贴的力度,扩大补贴的种类和范围,不断完善和健全农业支持保护体系,资源向粮食主产区和优势产区倾斜。

目前,我国已形成以粮食最低价格收购与目标支持价格为基础,以包括粮食直

接补贴、良种补贴、农资综合补贴和农机购置补贴等在内的直接补贴为主体,以农业基础设施建设、农业科研与推广、测土配方施肥、农民培训等农业综合支持补贴为补充的农业补贴政策体系。我国现行农业补贴政策体系结合了专项补贴和综合补贴,较为全面。伴随着中央政策的引导和政府对财政支农投入力度的不断加大,我国"三农"取得显著发展:我国粮食总产量实现"十二连增",从 2003 年的 43 070 万吨逐年增长到 2015 年的 62 143.5 万吨;粮食作物播种面积从 2003 年的 99 410 千公顷逐年增长到 2015 年的 113 343 千公顷,增长幅度达到 14%;农业经营净收入从 2003 年的 885.7 元逐年增长到 2015 年的 2 412.2 元,增长幅度达到 172%。

然而,当前我国农业发展中存在许多供给侧结构性矛盾的突出问题。尽管粮食总量不断增加,但由于社会需求的变化,农产品供求结构失衡,农业生产成本快速攀升,在现有发展格局和态势下,农业发展的比较效益和内在动力明显减弱,难以实现突破发展,农民收入持续增长乏力。长期以来,我国耕地资源一直相对短缺,在耕地开发过度、污染加重的情况下,农业资源环境压力变大。此外,一些农业直接补贴政策导向机制不够完善,政策在针对性方面出现偏差,致使农业补贴的正效应持续减弱。2017 年,中央一号文件《中共中央、国务院关于深入推进农业供给侧结构性改革加快培育农业农村发展新动能的若干意见》重新提出"完善农业补贴制度"。在我国经济发展进入新常态的背景和"多重压力"下,如何顺应新形势要求继续强化农业的基础地位,创新和完善农业支持保护政策,提高农业竞争力,保障农产品质量和数量安全,提高种粮农民收入,是必须要面对的一个重大挑战。

因此,在经济新常态和农业供给侧结构性改革的背景下,研究现有农业补贴政策对其目标的影响程度,梳理目前农业补贴政策在制定和实施中出现的问题,探索今后农业补贴政策改革的重点方向和关键环节,对为完善农业补贴政策提出政策建议、为农业经济发展新动力提供"催化剂"具有重要的意义。

1.1.2 研究意义

农业是人类的衣食之源、生存之本,农业在国民经济中占据基础地位,是社会稳定和经济发展的基础,是工业化生产中最基础的物质生产部门。党的十八大报告明确指出,要"加大强农惠农富农政策力度""确保国家粮食安全和重要农产品的有效供给",说明农业补贴政策是一个国家政府保障粮食安全、稳定社会政治、促进经济发展等的重要举措。因此,在农业供给侧结构性改革的背景下,研究农业补贴政策的效应,分析政策对其预期目标的作用效果和机理,有利于理清农业补贴政策的应用过程,找出农业补贴政策中存在的问题,同时形成对农业补贴政策的全面评价。在此基础上,积极探寻新时期下农业补贴政策的调整方向,优化和完善现行的农业补贴政策,强化农业补贴政策效应,对在新形势下加强对农业的支持和保护,对增强农民生产积极性、保障粮食生产安全、促进农业现代化,对保障农业生产者的利益、促进农民收入增长、推进农业绿色发展、实现农业可持续发展具有重要的理论与现实意义。本书可以为政府相关部门制定和完善农业补贴政策与制度提供实证研究依据和决策参考,促进农业结构优化升级,维护农业可持续健康发展。

(1)充实现有理论体系,完善现有实证研究。目前,关于农业补贴政策的实施效果的研究还存在很多有争议的地方,实际实施的效果能否达到理论预期的效果也一直存在着很大的争议。借鉴生产者行为理论与消费者行为理论,构建农业"三项补贴"政策经济效应的理论分析框架,分析农业"三项补贴"政策的经济效应,有利于深化补充现有的理论分析,完善农业补贴研究的理论体系。本书采用湖北省内相关县级层面数据,结合计量经济学中先进的模型估计和推断方法,系统全面地研究农业"三项补贴"政策的发展现状、运行机制及实施效果,丰富了农业补贴政策对该政策目标效果的实证研究;同时,也充实了现有理论研究,增加了其说服力。

(2)有助于为政府完善农业补贴政策、构建更为科学合理的农业补贴政策体系提供决策依据。农为国本,我国政府连续多年出台与"三农"问题相关的一号文件及相关政策,支持和保护农业发展。全面评价农业补贴政策的经济效应及农业补贴政策是否达到预期政策目标,对保障国家粮食安全和提高粮食生产能力有重要的借鉴价值。本书在理论分析和讨论不同农业补贴政策的经济效应的基础上,以湖北省作为研究对象,归纳和梳理农业补贴政策的实际执行情况,建立计量模型进行实证分析,探究农业补贴政策的实施效果、对其预期目标的影响程度。再基于其实施效果和对其预期目标的影响程度来评价其政策效果,有助于政府掌握该政策在实施中所存在的主要问题,从而进一步完善和优化该政策、提高政策执行效率、充分发挥该项政策的指挥职能。同时,本书研究发现,由于市场规律的作用,种粮效益长期偏低,不利于保护和调动农民的种粮积极性。因此,系统分析农业补贴政策的经济效应及评价其实际执行情况,对进一步完善农业补贴政策、巩固和提高粮食生产能力及促进农民收入增加具有重要的现实和理论意义。

1.2 文献综述

农业政策一直是经济学关注的重要内容和热点之一,关于农业政策的研究文献不胜枚举。在知网上检索2000—2017年我国的农业政策、农业补贴政策及粮食直接补贴政策研究的文献数量走势情况可知,自2004年国家开始对农民实行粮食

直接补贴政策以来,学者们对农业补贴的研究兴趣浓厚,相关文献的数量在2004年有飞跃性的增加,伴随着国家对农业的支持保护投入力度的日益增加及农业供给侧结构性改革,相关研究的热度一直未退去。

按照政策设计,不同的农业补贴政策具有不同的预定目标。粮食生产直接补贴政策是生产激励目标导向,主要是激励农民增加粮食生产,兼有收入支持目标导向;农业生产资料综合补贴政策是收入支持目标导向,主要补偿农民因农资价格上涨而增加的生产成本支出;良种补贴、农机具购置补贴政策则是科技应用目标导向,主要是鼓励农民采用良种、现代机械设备等农业新技术,兼有生产激励目标导向。以上三项补贴是目前我国农业补贴的主要组成部分。这三项农业补贴实施的时间不同,收到的效果也不同,因此,下面将先对这三项补贴的实施过程及政策评价文献进行回顾,然后再对农业补贴政策的效率评价进行回顾。

1.2.1 粮食直接补贴政策文献综述

自农业补贴政策在全国普遍实施以来,其实施效果在学术界引发广泛讨论。粮食直接补贴政策是我国现行农业补贴政策中最早实施的,故它从刚刚实施之时就成为学者们的关注热点,很多学者从理论和实证两个方面对粮食直接补贴政策的实施情况进行分析。从粮食直接补贴政策实施情况来看,有学者认为该政策存在一些缺陷。比如,农业补贴政策对农民收入提高方面并无高效率(李金珊,徐越,2015);粮食直接补贴虽然对农民增收有积极作用,但规模较小农户所得收益远远低于规模较大农户获得的收益(林万龙,茹玉,2014);粮食补贴中最大的获益者是粮食消费者,而非粮食生产者(肖国安,2005);粮食直接补贴的边际效率下滑,对农户刺激作用减弱(王玉帅,2014);该政策的补贴范围和对象不清晰,仅仅考虑政府是否能够承受,并未考虑农民事实上是否得到实惠,补贴的效率和公平难以兼顾(何蒲明,2005);直接补贴对农业产量的促进作用比较有限(Adams et al.,2001;Chau & Gorter,2005;Goodwin & Mishra,2006;Sckokia & Moro,2009);直接收入补贴不应该被当成脱贫致富的工具(John Baffes,Jacob Meerman,1997),它的主要用途应该是生态环境保护和食物安全(Kathryn B. Bicknell,1999);等等。当然,也有学者提出,粮食直接补贴政策确实对农业发展有积极的影响:随着粮食直接补贴力度的不断加大,该政策确实提高了农业从业者收入,一定程度上使城乡差距缩小(林万龙,茹玉,2014);粮食直接补贴能促进粮食生产效率的提高,且收入性补贴的促进作用优于生产性补贴的促进作用(张玉周,2013);粮食直接补贴对粮食主产区的增产作用显著(刘旗,刘培培,2013);粮食直接补贴政策对中国(尤其是产粮大县)的粮食生产产生了正向促进作用,但是面对成本、价格双重挤压及资源约束趋紧的现状,需要进一步完善中国的粮食直接补贴体制(辛翔飞,张怡,王济民,2016)。国外有学者认为,中国虽然实施了农业补贴政策,但是效果不是很理想(Fred Gale et al.,2005),因此,研究该政策在实际操作中的经验和教训,提出能够使农业持续健康发展的切实可行的建议非常必要。

　　从粮食直接补贴对农民收入的影响方面来说,大多数学者都认为粮食直接补贴增加了农民收入,但在地域、富裕程度不同的农户、补贴力度等方面呈现明显的不平衡。以单一农场补贴为例,有些学者认为这种脱钩性质补贴提高了农户的收入水平(Hennessy,1998;Anton & Le Mouel,2004)。Burfisher M. E. 和 Hopkins J.(2003)对美国的生产者灵活性支付项目的实施效果进行评估,认为该补贴提高了农民的生活水平,使农民的储蓄提高、享受闲暇的时间增加等,但是补贴通常并没有全部被土地种植者得到。挂钩的直接补贴在某种程度上会抬高土地租金,因此土地所有者会以地租的形式从承租土地者处获取全部或者部分的直接补贴。由于土地租金上涨,土地种植者实质上只能获得一部分或者无法获得补贴(Ryan J,2001)。基于针对6省份1 000多户农户的大样本随机抽样调查数据,有学者发现,几乎所有农户都得到了补贴,表明政策实施对农民收入的提高具有一定的促进作用(黄季焜,王晓兵,智华勇 等,2011);在2004年春耕生产季节,也是在该政策实施初期,种粮农民收入有明显增长(肖国安,2005);另外,有学者认为,粮食作物播种面积和商品粮补贴两种方式在相同标准下,各种规模农户收入增加的百分比不大,相对收入增加额最大的为大规模种植业农户与低兼业程度的种植业农户(王姣,2006)。当然,也有少数学者认为,虽然直接补贴能增加农民收入,但与拥有资源较多的富裕农户相比,小规模农户从中获益的程度远远低于前者。粮食直接补贴对粮食主产区帮助巨大,能增强农户种粮积极性,稳定粮食生产(何忠伟,2005),但在非粮食主产区的效果不如人意(刘艳,吴平,2012)。此外,还有学者发现,河南省直接补贴政策的实施提高了农民对政府的满意度,效果较好(杨茂,2007)。

　　从粮食直接补贴对粮食产量的影响方面来说,不同学者有不同见解。有学者认为,由于粮食直接补贴可以改变农户在粮食生产中要素投入行为,诸如化肥、农药等农资投入量,种植面积等,因此可以提高农户种粮积极性,刺激粮食产量增加(马述忠,冯冠胜,2010;沈淑霞,2008)。粮食直接补贴还可以通过扩大农户的流动性约束,缓解粮食生产的风险、改变农户农业投资,从而影响粮食生产(Hennessy,1998)。Anton 和 Mouel(2004)以单一农场补贴作为研究对象,发现粮食直接补贴政策可降低农户的经营风险,对风险规避型农户进行农业生产有激励作用;同时,

还能使农户增加用于农业生产的投资,从而增加粮食产量。Kropp 和 Whitaker (2009)认为,粮食直接补贴能减轻粮食生产成本投入压力,使农户有更大的积极性来生产粮食,尤其是对一些存在资金流动性约束的农户而言,粮食直接补贴能降低生产成本,有利于其粮食产量增加。也有学者认为,提高粮食直接补贴对粮食产量虽然有积极作用,但效果不明显(肖国安,2005;孙顺强、朱桂英,2012)。侯明利(2009)对粮食直接补贴政策对粮食产量的影响进行实证研究,得出粮食直接补贴对粮食产量确实没有产生显著影响的结论。陆建康(2006)认为,较低的补贴标准无法影响农户种粮过程中的投入品种与数量,也无法刺激农户种粮积极性,因此其目前对提高粮食产量虽有积极的作用,但没有产生显著影响。臧文如(2010,2012)使用灰色系统关联度的方法计算补贴金额与粮食产量之间的关联性,认为对粮食财政补贴政策保障粮食数量安全积极作用的程度不能估计过高,粮食直接补贴政策很难有效地促进粮食生产增加。也有学者认为,部分粮食直接补贴与农民实际生产情况脱钩,政策的实施无法直接影响农户的种粮行为决策,进而影响农民的粮食产量(Schmitz et al.,2002;陈颂东,2007)。有研究采用我国中部三个省份的农户实地调查数据,使用 PMP 模型进行实证分析得出结论:按计税面积作为补贴标准进行粮食直接补贴对粮食产量的影响不大;从增产成效来看,按粮食产量进行补贴低于按播种面积进行补贴,不管是按计税面积还是播种面积补贴,当前的补贴标准对粮食产量影响都不大(王姣,2006)。有研究指出,生产性粮食补贴政策对粮食生产的影响小于收入性粮食补贴政策对粮食生产的影响(张玉周,2013)。研究河南省 2004—2009 年粮食生产的实证表明,直接补贴对粮食主产区粮食产量的提高效果明显优于对非粮食主产区的增产效果(刘旗、刘培培,2013)。因此,学术界关于粮食直接补贴政策对粮食产量的影响的观点不一,有的认为效果明显,有的认为效果不明显,具体如何有待进一步研究。

从粮食直接补贴对粮食作物播种面积的影响角度来说,主流观点是粮食直接补贴对扩大粮食作物播种面积没有效果。较多研究表明,粮食直接补贴并不能扩大粮食的播种面积,播种面积的扩大往往与价格相关,因此不能依靠播种面积的扩大来提高产量(刘旗、刘培培,2013)。李韬(2014)依据河北省微观农户调研数据,采用双变量 Probi 模型,发现尽管农户对粮食直接补贴政策的满意度较高,但是粮食补贴政策却没有明显提升农户的种粮意愿,从而未能对扩大粮食播种面积起到作用。但也有少数学者表示,粮食直接补贴激发了农民的积极性,农民因此扩大种粮面积,有利于全国粮食总产量的增加(盛艳,2006;韩喜平,2007;朱红根,2007;肖大伟,2010)。有研究根据河南省 6 市 9 县的调查数据建立模型,也得出粮食直接补贴政策促进了粮食作物播种面积扩大及单产增加的结论(张淑杰,2012)。有研究利用江西省的微观农户调研数据建立模型,发现粮食直接补贴提高了纯种粮农户的生产积极性,从而有助于粮食作物播种面积增加(刘克春,2010)。有研究根据安徽省微观农户调研数据,采用线性规划模型,得出粮食直接补贴增加了农户的粮食种植面积的结论(吴连翠,2011)。陈波(2005)设计了一个带补贴的 Uzawa 模型,采用数学推导的方式,认为粮食直接补贴可以提高农民种粮积极性,使粮食作物播种面积在均衡区间水平内上升。粮食直接补贴还能够平抑农民收入的波动,从而增加生产规模,从某种程度上能使农户增加种粮面积。Young 和 Westcott(2000)以美国生产灵活性合同(粮食直接补贴)为例,认为该项补贴政策能显著地提高农作物播种面积,提升幅度为 18 万 ~ 57 万英亩/年。Becker A. 和 Judge R.(2012)利用系统广义矩估计(GMM),得到美国南部直接支付和生产灵活性合同补贴对稻谷种植面积有着促进作用的结论。

此外,还有学者表示,粮食直接补贴政策促进了化肥和农药的使用,过度的药物使用破坏了农业生态环境,致使实际耕地面积减少(曾瑜,2016)。国外有研究认为,农业补贴政策扭曲了农产品的市场价格,不利于农产品的贸易自由化(A. Bstoeck,1981;Ian M. Sheldon et al. ,2001;Luanne Lohr,2001)。

国内粮食直接补贴政策的出台是为了提高农民种粮积极性,促进农民增产增收及农业的发展,进而缩小城乡收入差距,具有鲜明的中国特色。粮食直接补贴涉及面最广,而且财政支出也最多,应最大限度地发挥其作用机制,让广大农民从中受惠,避免资源浪费。该项政策具体实施效果如何,是否促进农民增产增收,增产增收数量是否显著,是目前学术界普遍关注的问题。自从 2004 年政策实施以来,学术界对此问题的研究视角、方法及内容各有千秋:部分学者从理论角度研究,部分学者从实证角度切入;内容包括该项政策与播种面积的关系,与农民收入的关系,与粮食产量的关系等,不一而足;研究结论也有很大差异。总体而言,粮食直接补贴政策对农民收入增加确实能起到一定的促进效果,但是在地域、富农小农、补贴力度等方面也存在一些不平衡。在其对粮食产量方面的影响作用方面,国内外文献目前还存在争议,需作进一步研究。目前,农业供给侧结构性改革的观念深入人心,但从这一视角研究粮食直接补贴执行效果的文献甚少。因此,本书立足于当前实际情况,在农业供给侧结构性改革的背景下,研究粮食直接补贴政策的实施效果并提出切实可行的政策建议,具有时代意义,在一定程度上完善了粮食直接补贴政策的相关研究,也对实践具有指导意义。

1.2.2 农资综合补贴政策文献综述

自农资综合补贴政策实施以来,学术界对此十分关注。从农资综合补贴政策

实施情况的角度来说,一些学者认为此政策尚存在一些问题,比如,农户对农资综合补贴政策内容和目标的认知程度不高(魏茂青,郑传芳,2013);农户补贴信息统计不准确(杨洁,王尧,2012);补贴对象广泛,资金发放面积大,操作成本较高(潘群敏,2012);补贴依据和补贴标准不统一,存在漏补或者少补情况(李莎莎,朱一鸣,2016);等等。因此,优化农资综合补贴政策方法,发挥政策的积极效应具有较强的实际意义。国内外学者对农资综合补贴政策的研究如下。

1)农资综合补贴政策对农民收入的影响

国外学者对农资综合补贴效应的研究包括很多方面,但主要集中在提高农户收入、增加粮食产量方面。总的来说,农资综合补贴对农民收入既有积极作用,也有消极影响。Guyomard 和 Baudry(2004)研究了多个不同的政府农业补贴支持政策的效果,结果表明,政府的农业支持政策对农户收入增加的作用并不显著,并且各种补贴政策效率也普遍低下;Fan 等(2008)对印度农村的调查研究结果显示,农业补贴政策可以促使农户有更多的资金选择更好的农业技术,从而增加收入,减少贫困农户的存在。

国内各地学者观点基本一致,普遍认为农资综合补贴确实增加了农民收入。2004 年,粮食直接补贴、良种补贴和农机具购置补贴使得农民的收入增加额达 100多亿元(宋洪远,2006);韩剑峰(2010)认为,加大农机具购置补贴会对农民收入增加起到重要作用,同时又能使农业机械数量增加,进而提高农民人均收入;黄季焜、王晓兵、智华勇等(2011)对 6 个省份的 1 000 多户农户进行实地调查,分析得出农资综合补贴政策对农民收入起到了推动作用的结论;曹帅、林海、曹慧等(2012)利用理论和实证模型评估和检验政策效果,通过数学规划模型(PMP)分析了我国良种补贴、农机具购置补贴和农业税减免政策的效果,结果证明了上述三种政策对农户增收均有正向作用;崔奇峰、蒋和平、周宁等(2013)从农户对政策的满意度的角度研究,发现农户满意度较高,增收效果较明显;魏茂青(2013)通过多元回归分析,证明了农资综合补贴政策与农民收入存在正相关关系;此外,还有学者在调查产粮大县的政策效应时发现,农资综合补贴政策有增加农民收入的作用,但影响不明显(彭爛,孟俊杰,2014)。总的来说,农资综合补贴政策提高了农民种粮的积极性,并且有利于粮食购销市场化(杨洁,王尧,2012)。

2)农资综合补贴政策对粮食产量的影响

国外学者认为,农资综合补贴政策对粮食产量的影响也有利有弊。Fred Gale等(2005)认为,2004 年中国针对粮食生产者制定的"四大农业补贴"政策,对粮食产量的刺激性作用不大,当年产量增加在很大程度上是当年初中国和国际市场粮价高及适宜的天气导致的；Liefert 等(2005)在研究中发现,政府对农业机械的补贴会促使农业生产产量的提高；Sckokai 和 Moro(2006)分析了意大利的粮食生产补贴政策对粮食产量的影响,研究结果表明,该项政策对粮食产量提高具有重要作用。

国内学者的研究中有观点相同的,也有意见不一的。一部分学者认为,农资综合补贴政策对农户粮食产量有积极作用。其中,有学者运用 Logit 模型和多元线性回归模型研究农资综合补贴政策对农户粮食生产行为的影响,结果发现农户对农资综合补贴的评价越高,农户越看好农业生产收入增长,进而扩大水稻的种植面积,促进粮食产量增加(魏茂青,2013);还有学者运用农业农村部全国农村固定观察点农户数据分析了农业补贴对农户粮食生产的作用,结果表明,中国的"四补贴"政策对粮食生产有积极作用(王欧,杨进,2014);也有学者从农业补贴对农户耕地利用、资本投入和劳动力配置行为的影响角度出发,利用湖北省农村住户调查的面板数据验证了农业补贴对农户生产行为的影响,同样说明农资综合补贴对粮食作物的生产具有显著的正向激励作用(吴海涛,霍增辉,臧凯波,2015)。

但仍有部分学者持不同的态度,认为农业补贴的效果不尽如人意:农资综合补贴对粮食生产和农资投入没有产生影响(黄季焜,王晓兵,智华勇 等,2011),同时还降低了资源配置效率和经济效益(高峰 等,2006;黄季焜 等,2011)。运用灰色关联度进行定量分析的结果表明,农业补贴政策与农民收入、粮食总产量、人均耕地面积关联度是最弱的,这说明农业补贴政策对粮食产量的影响并不显著,效果也不理想(马爱慧,张安录,2012)。此外,也有学者发现,农资综合补贴政策虽在一定程度上增加了粮食产量,但效果并不显著(彭爁,孟俊杰,2014)。

农资综合补贴政策的初衷是通过减少农民的农业生产成本来鼓励农户多种粮食,但经研究发现,该项政策是否达到预计效果尚存在争议。有的学者认为这一政策实现了初衷,有的学者认为并没有起到作用,需进一步进行研究。且现有研究较多从农户层面进行,而从宏观角度进行分析研究的较少,从农业供给侧结构性改革视角研究农业综合补贴政策效果的文献更是少之又少。因此,本书的研究对优化现行农业补贴政策存在一定的参考价值和理论意义。

1.2.3 良种补贴政策文献综述

良种补贴是中央财政针对农业发展现状实施的一项补贴政策,主要目的在于鼓励扶持农民选用优良品种并采用相应种植技术,提高经营收益,从而有效增加农民收入。实施良种补贴是世界上众多国家在农业方面的普遍做法,不仅能够引导

农作物种植结构,还能够有效调动农民积极性,促进农业良好发展。近年来,我国良种补贴已经有了较为显著的发展。

良种补贴作为财政支农的一个重要手段,经历了一个力度由弱到强、补贴范围由局部到全覆盖的长期过程。J. huang, X. Wang, S. Rozelle(2013)利用基于家庭和政府的两套调查数据,从农户的角度来理解中国补贴项目的性质。我国良种补贴面积不断扩大,补贴资金逐渐增多,范围覆盖变广,标准化程度进一步提高(王辉,2008;林小菲,丁黎青,2013)。此外,补贴品种从高油大豆已经逐步扩大到玉米、水稻、小麦、棉花和油菜等多种作物(郭军,冷博峰,2010)。

对良种补贴实施现状的分析表明该项政策已经取得了较好成效。首先,农业科技水平有所提高,良种的普遍应用和相关种植技术的推广,使其成为农业科技发展的重要载体。其次,农作物的品质有所提高。随着良种的普及,农作物产量和质量也随之提高,保证了良好效益的实现。最后,农业生产的规模化程度有所提高。良种补贴政策促进了农业的进一步生产发展,有效改善了我国农业生产组织结构(王辉,2008);在提高农户生产积极性、增强农产品竞争力和实现标准化管理等方面也取得了重要成效(冷博峰,郭军,王雅鹏,2011)。郭军,任建超(2011)通过建立能反映良种补贴对小麦品质提高的实际效用模型,证明良种补贴对改善粮食质量结构具有一定的积极意义。陈超、张明阳、石成玉(2012)运用供给-需求图来解析水稻良种补贴对保护品种推广效果的影响,在良种补贴面积中,保护品种所占比例处于稳定增加的状态;价格方面,保护补贴品种的价格目前还缺乏竞争优势。目前,良种补贴政策对我国粮食增产的贡献率高达23.70%,非粮食主产区的良种补贴政策效果远优于粮食主产区(李乾,2017)。各类研究都表明,良种补贴等相关政策主要是通过促进农业技术进步、提高农户种粮积极性、推动农村劳动力转移等途径来影响粮食产量和农民收入水平(杨红旗,汪秀锋,孙福海 等,2009;王亚芬,周诗星,高铁梅,2017)。

我国良种补贴虽然已取得较大成效,但在实施过程中仍旧存在程序烦琐、运营成本过高、农业补贴力度不大、缺乏有效监管、利益保障机制缺位等问题(商文斌,2012;刘艳,吴平,2012)。首先,良种补贴在一定程度上限制了农民自主选种的权利,一味地压低价格,也使种子市场受到较大冲击,不利于良种补贴的正常开展(王辉,2008)。另外,各地的补贴标准和方法存在较大差异,从而造成不同农户受惠程度不一,给政策实施带来困难(张照新,陈金强,2007)。其次,对于不同分位点的农户土地生产率,良种补贴效果呈现显著差异,如何区分农户的差异性,提高补贴发放的精准度具有一定的难度(李谷成,李芳,冯中朝,2014)。最后,在整体的设计上,良种补贴并不符合激励相容原则,社会目标与政府目标、执行相关政策的工作人员目标与农户目标都没有达成一致,最终导致补贴资金流失,损害了农户的自身利益,降低了社会福利(陈东平,丁筱,2011)。

鉴于良种补贴政策目前仍存在诸多问题,提出相关解决措施显得尤为重要。一是坚持实施良种补贴政策,增加资金补贴投入,扩大补贴品种范围,创新补贴方式,带动农业产业化龙头企业发展(王辉,2008;郭军,2010)。二是健全良种补贴长效机制,加大监督管理力度,建立综合性补贴与农产品价格的联动机制(张照新,陈金强,2007;杨红旗,2009;冷博峰,郭军,王雅鹏,2011),建立良好保障机制,使良种补贴政策的实施更加符合我国"三农"政策的要求。三是规范良种市场的运行,明确规定良种补贴所运用的种子定价机制,严格监管种子质量和价格的合理性,切实保障农户利益(张学彪,聂凤英,2007)。

纵观良种补贴政策的文献综述,可以发现良种补贴政策在提高农业科技水平、农作物产量和质量、农业生产规模化、农民生产积极性以及农业竞争力等方面取得了良好的成效,但仍然存在着一些问题。目前大多数学者都是对良种补贴政策进行定性分析,较少学者对其进行定量分析。因此,在农业供给侧结构性改革背景下,从宏观角度对良种补贴政策实施效应进行定量分析具有现实意义。

1.2.4 农业补贴政策效率文献综述

农业补贴政策的作用主要是保障国家粮食产量安全,增加农民收入,提高农民生产、生活水平。自20世纪90年代我国开始实施粮食保护价格政策开始,农业补贴政策就肩负着保障国家粮食产量安全,提高农民收入的使命。但经典理论认为,无论何种形式的价格补贴,都会由于消费者盈余的损失或者纳税人付出的成本高于农民所收获收益而带来无谓损失。此后,学界对农业补贴的效率进行了大量经验研究,并指出了补贴政策的进一步改革方向。

国外学者认为在一般情况下,农业补贴政策对提高粮食产量及农业收入的效率并不高(OECD,2002)。Salhofer和Schmid(2004)考察了澳大利亚粮食作物政策,通过加总所有获利群体的所得,发现总补贴项目成本只有60%转化为收益,而其他40%则因无效的资源分配而消散了。Thompson等(2009)使用2000—2006年美国农业资源管理调查数据,估计了美国不同农业补贴项目的效率,得到直接补贴效率为0.38,灾害补贴效率是0.18。

我国的农地分散程度很高,在农业补贴核实和发放的过程中存在着过高的交易成本。因而在农业补贴实际发放过程中,除以计税面积而非实际种植面积为准进行发放外,还存在由土地所有者而非实际种植者获得补贴的问题。在欧美等发达国家,耕种土地的农民获得补贴,补贴通过租金的提高部分转移至土地所有者,

而我国的情况正好相反。这直接导致农业补贴对真正的耕种者缺乏激励,以及农民在收入二次分配上处于劣势,从而使补贴的效率相对低下,也使政策目标难以实现。

我国现有分析农业补贴效率的方法有很多。有些学者采用问卷调查形式通过均位比较等描述性统计方法来分析粮食补贴政策对种粮成本和收益带来的影响,借此来判断粮食补贴是否有效(李鹏,谭向勇,2006)。有些学者从福利经济学的角度理论分析了粮食直接补贴的效率损失问题(韩喜平,2007;叶慧,王雅鹏,2008)。还有些学者对农业补贴进行综合效率评价。叶慧、王雅鹏(2006)采用 DEA 模型从制度效率和规模效率两个方面对 2004 年各个省份实行粮食直接补贴效率进行测算,发现当前我国多数省份粮食直接补贴规模效率处于递减状态,很多省份补贴规模过大,并且各省市存在较大差异,而造成补贴无效率的原因在于资金使用效率不高而非规模过大。张红玉、李雪(2009)运用超效率模型对 26 个省 2004 和 2005 年粮食直接补贴规模进行测定,研究发现资金使用不当造成补贴无效率,得出增收型补贴规模不足而非过剩的结论,并提出最优补贴规模是一个动态概念,应从社会收入水平和粮农收入结构等方面进行调整。李金珊、徐越(2015)通过对浙江省农业补贴政策实施的调研,证实了直接补贴在提高农民收入方面的无效率这一结论。他们发现,浙江省用于水稻的政策性补贴在提高农民收入方面的效率随着支出的增加而下降,且从农户个体投入产出数据来看,水稻政策性补贴并未显著提高农户收入方面的技术效率。除农业补贴在整体上的效率损失外,我国不同地区之间的农业补贴转移效率也存在差异。粮食主产区的补贴普遍综合效率较高,而主销区和产销平衡区则大部分效率较低(张晶晶,2014)。因此,将农业补贴的重点向粮食主产区倾斜,有可能是从整体上提升补贴效率的一条有效路径。

1.2.5 文献评述

现有研究对粮食直接补贴、农资综合补贴、良种补贴这三大农业补贴政策效果进行了较为深入全面的考察和分析,为改进和完善现行政策提供了很好的借鉴和参考,但仍存在一些不足之处。研究领域方面,目前国内对于农业补贴政策的研究主要集中在粮食直接补贴方面,而对于农资综合补贴、良种补贴的研究较为缺乏。研究方案和方法方面,现有文献多为定性研究,定量研究较少,即便有定量研究,也多为国家、省级层面宏观数据和农户微观数据,且存在农户微观数据样本代表不足、省级宏观数据不全面、研究数据多为横截面数据等问题。计量经济学模型方面,现有的定量研究很少关注变量之间的内生性问题,这很可能造成参数估计有偏差且不一致,无法进行合理的因果推断,进而得出错误的研究结论。鉴于此,本书搜集 2006—2015 年湖北省内相关县级层面数据,结合计量经济学中先进的模型估计和推断方法,系统全面地研究粮食直接补贴、农资综合补贴以及良种补贴这三大农业补贴政策的发展现状、运行机制及实施效果。

1.3　研究目的和内容

一方面,全国各省份中仅湖北省公开了详细的农业补贴数据;另一方面,湖北省位于我国中部地区,地处我国南北交接带,地形复杂多样,农作物种类丰富,南方的水稻和北方的小麦均可种植,是我国重要的农业大省和粮食大省。因此,本书在实证研究中选择湖北省作为研究对象,具有一定的代表性。本书首先对我国农业补贴政策的实施现状、演变特征及政府对农业补贴的投入状况进行描述性统计分析。其次,在理论分析和讨论不同农业补贴政策的经济效应的基础上,以湖北省作为研究对象,归纳和梳理农业补贴政策的实际执行情况,建立计量模型进行实证分析,探究农业补贴政策的实施效果、对其预期目标的影响程度,找出目前政策中可能存在的问题。最后,在农业供给侧结构性改革背景下,结合前面的研究结果,探索我国农业补贴政策的发展方向,提出优化与完善农业补贴政策的建议,以确保保障粮食安全,提高农业生产竞争力,促进农民收入增加,实现农业生产的可持续发展。本书具体研究以下问题:

①理论上不同农业补贴政策的经济效益是怎么样的?

②农业补贴政策的实际执行情况如何?

③从 2004 年起在湖北省实施 12 年的农业补贴政策效果如何?农业补贴政策是否达到其预期政策目标?

根据上述的逻辑思路,本书的整体结构安排如下:

第 1 章:导论。首先介绍论文选题的背景,并对该选题的意义进行阐述。在全面系统地梳理了国内外相关研究成果的基础上,明确本书研究的目的、思路、内容和方法,并简要介绍研究的创新及不足之处。

第 2 章:概念界定、理论基础及政策实践。本章主要包括了 3 个部分。首先,对农业补贴政策的内涵进行界定。其次,探析农业补贴政策实施的理论依据,包括农业的准公共产品属性、农业的基础性地位、农业弱质产业扶持理论。最后,系统梳理我国农业补贴政策的演变历程,阐述我国现阶段农业补贴政策的实施现状,并探寻其实施特征及存在的问题,为后面农业补贴政策效应研究以及如何优化我国农业补贴政策作铺垫。

第 3 章:农业补贴政策经济效应理论分析框架。本章借鉴西方经济学中的生产者行为理论与消费者行为理论,构建农业补贴政策经济效应的理论研究框架。

首先,界定等成本线、等利润线的概念,并提出假设使分析方便且具有一般性,得到农户均衡的状况。其次,分别分析在实施成本类农业补贴政策(挂钩粮食直接补贴、挂钩农资综合补贴等①)、收入类农业补贴政策(脱钩粮食直接补贴、脱钩农资综合补贴等②)、技术改进类农业补贴政策情况下的等成本线或等利润线的变动及农户新均衡状态。最后,在此基础上分别提出这三类农业补贴政策经济效应的理论命题,为后面农业补贴政策效应研究提供思路和理论框架。

第4章:粮食直接补贴政策经济效应分析。本章主要研究粮食直接补贴政策的实施效果。首先,回顾湖北省粮食直接补贴政策实施的背景、目标、现状及变动情况,明确粮食直接补贴政策实施的目标和实际执行情况。其次,基于第3章的农业补贴政策经济效应理论命题,并在分析粮食直接补贴政策对政策目标(农民种粮积极性和农民收入水平)影响的基础上,提出相应的假设。再次,以湖北省71个县级宏观数据作为研究对象,对粮食直接补贴金额与农民播种面积和农民收入之间的关系进行描述性统计分析,初步得到粮食直接补贴与其预期目标之间的关系。最后,结合固定效应模型和系统广义矩估计,从湖北省全省、粮食主产区、非粮食主产区的不同区域角度分别对粮食直接补贴政策对农民播种面积和收入的影响进行实证分析,从宏观视角评价湖北省粮食直接补贴政策的实施效果,并从粮食主产区和非粮食主产区两大区域进一步分析对粮食直接补贴政策的需求导向。

第5章:农资综合补贴政策经济效应分析。本章主要研究农资综合补贴政策的实施效果。首先,回顾湖北省农资综合补贴政策实施的背景、目标及现状,明确其实施的目标和实际执行情况。其次,基于第3章的农业补贴政策经济效应理论命题,并在分析农资综合补贴政策对农业机械化、农民种粮积极性以及收入水平影响的基础上,提出相应假设和推论。最后,采用湖北省县级面板数据实证上检验农资综合补贴是否与其预期目标之间存在相关性,是否能实现其政策目标,是否产生积极的效应。

---

① 挂钩粮食直接补贴是指粮食直接补贴按照农民实际粮食作物播种面积进行补贴,粮食直接补贴数额与粮食作物播种面积挂钩,种多少补多少,属于与农业生产挂钩的补贴方式。挂钩农资综合补贴的补贴方式与挂钩粮食直接补贴的补贴方式相同。挂钩粮食直接补贴、挂钩农资综合补贴都是按照粮食作物播种面积进行补贴,因此能降低粮食生产成本,提高农户种粮积极性,增加粮食产量,从而促进农户收入增加。挂钩粮食直接补贴和挂钩农资综合补贴是成本类农业补贴政策最主要的组成部分。

② 脱钩粮食直接补贴是指粮食直接补贴与当期农户生产、种植情况无关,以农户计税面积或者计税产量为依据进行发放,不考虑农户实际是否种植,有承包土地就有补贴,是一种普惠式补贴。脱钩农资综合补贴的补贴方式与脱钩粮食直接补贴的补贴方式相同。脱钩粮食直接补贴、脱钩农资综合补贴是普惠式补贴,主要作用是增加农户收入。脱钩粮食直接补贴和脱钩农资综合补贴是收入类农业补贴政策最主要的组成部分。

第6章:良种补贴政策经济效应分析。本章主要研究良种补贴政策的实施效果。首先,回顾湖北省农资综合补贴政策实施的背景、目标及现状,明确其实施的目标是提高单产、增加农民收入水平。其次,基于第3章的农业补贴政策经济效应理论命题,并在分析良种补贴政策对粮食单产、农民收入影响的基础上,提出相应假设和推论。最后,通过实证检验良种补贴政策的实施效果。

第7章:农业补贴政策效率评价及优化。本章在第4章、第5章和第6章对粮食直接补贴、农资综合补贴及良种补贴政策的效应分析的基础上,对这三种农业补贴政策的效率进行评价。首先,阐述农业补贴政策效率的评价理论。其次,利用DEA模型测算了2006—2015年湖北省17个地区的农业补贴政策效率,并探究湖北省农业补贴政策没有效率的原因。再次,运用Malmquist模型进一步从动态角度测算并比较湖北省17个地区的农业补贴政策效率。最后,提出提升湖北省农业补贴政策效率的政策建议。

第8章:结论与展望。本章基于前面章节中我国农业补贴政策实施状况、特征分析,以及粮食直接补贴、农资综合补贴、良种补贴三大农业补贴政策效应分析,提出我国农业补贴政策的调整方向及相应的政策建议,以推进我国农业供给侧结构性改革,实现我国农业可持续发展。

1.4 研究思路和方法

1.4.1 研究思路

本书首先分析我国农业补贴政策的历史演化过程、实施现状和投入状况,思索总结农业补贴政策的实施规律和特征。接着借鉴西方经济学中的生产者行为理论与消费者行为理论,构建农业补贴政策经济效应的理论研究框架,并在此基础上分别分析成本类农业补贴(挂钩粮食直接补贴、挂钩农资综合补贴等)、收入类农业补贴(脱钩粮食直接补贴、脱钩农资综合补贴等)、技术改进类农业补贴的经济效应。然后选取粮食直接补贴、农资综合补贴、良种补贴三大主要的农业补贴政策,回顾其实施的背景、目标、变动及执行情况,基于前述农业补贴政策经济效应理论分析,并在探讨三大农业补贴政策对其目标影响机制的基础上,提出研究假说;同时,利用湖北省2006—2015年县级数据,通过描述性统计分析三大农业补贴政策与其相对应目标之间的相关性,借助固定效应模型、系统广义矩估计、广义最小二乘法(FGLS)等方法检验农业补贴政策的实施效果是否实现其预期政策目标。最后,结合前面研究的结论,提出农业补贴政策的调整方向以及相应的政策建议,推进我国农业供给侧结构性改革。研究思路与技术路线框架,具体如图1.1所示。

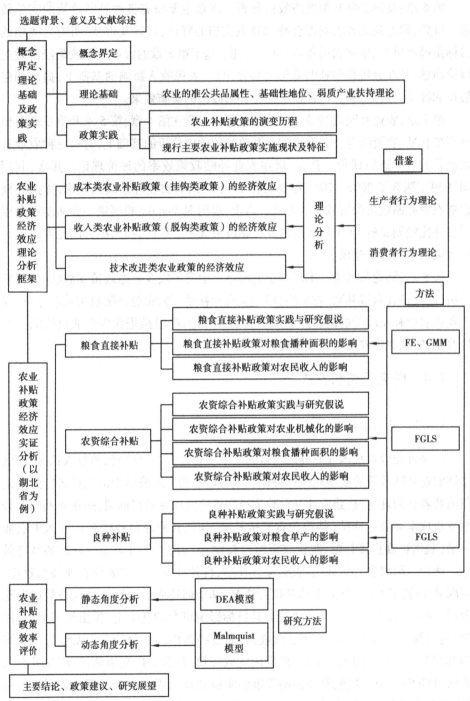

图 1.1 研究思路与技术路线框架图

1.4.2 研究方法

结合前文所述的研究思路和研究内容,本书主要采用了以下研究方法。

1)文献分析法

通过图书馆、中国期刊全文数据库、外文数据库检索系统等方式大量查询与本书相关的书籍、专著、论文、报告等资料,初步积累与本书相关文献的资料,对这些文献资料进行综合、归纳和分析,同时,从多个角度进行比较研究,掌握国内外研究动态。在此基础上加深对农业补贴政策的认识,发现已有研究中存在的可待改进及进一步研究的空间,找到新的着眼点。

2)规范分析法

通过介绍农业的准公共产品属性、农业的基础性地位、农业弱质产业扶持理论,为农业补贴政策实施提供理论依据,利用生产者行为理论与消费者行为理论分析成本类农业补贴政策(挂钩粮食直接补贴、挂钩农资综合补贴等)、收入类农业补贴政策(脱钩粮食直接补贴、脱钩农资综合补贴等)、技术改进类农业补贴政策的经济效应。采用经济学理论分析粮食直接补贴政策、农资综合补贴政策以及良种补贴政策对其预期目标的影响机制,为科学评价农业补贴政策实施效果提供理论基础。

3)统计和计量分析法

统计和计量分析法始终贯穿全书。全书通过统计和计量分析法对农业补贴投入状况进行描述性统计分析,得出我国现行农业补贴政策实施的特征及存在的问题。利用固定效应模型、系统广义矩估计、广义最小二乘法等方法实证分析粮食直接补贴、农资综合补贴及良种补贴政策对其预期目标的整体和区域效应。

学界对政策效果评价的使用方法多数采用双重差分(DID)和断点回归(RD)两种方法。虽然湖北省从2004年开始实施农业补贴政策,但是湖北省政务与编制网中并没有公开2004—2005年的相关农业补贴数据。由于各县级单位的统计标准和统计指标不一致,本书选取的样本定为2006—2015年的湖北省71个县级单位,政策实施前后样本并不近似随机过程,控制组和对照组无法确立。另外,由于断点回归方法要求样本量在断点(即政策实施点)处足够大,已有数据无法满足双重差分方法和断点回归的要求。本书放弃双重差分方法和断点回归方法,采取固

定效应模型、系统广义矩估计、广义最小二乘法进行研究。

1.5 数据来源

本书使用 2006—2015 年湖北省 71 个县级单位的(湖北有 102 个县级单位,但由于 2006—2015 年只有 74 个县级单位的粮食直接补贴资金、农资综合补贴、良种补贴数据完整,同时随县 2009 年以前属于曾都区,所以剔除随县、曾都区,枣阳市有些数据异常,也将其剔除,最终选取 71 个县级单位作为研究对象)面板数据,不但能避免样本抽样导致的估计偏差,具有扩充样本容量、消除变量共线性等优势,还能分别从整体角度(全省)和区域角度(粮食主产区、非粮食主产区)客观地研究农业补贴政策的经济效应。本书使用的 2006—2015 年湖北省各县级单位的粮食直接补贴、农资综合补贴、良种补贴数据来源于湖北省财政与编制政务公开网站①,其他数据来源于《湖北省农村统计年鉴》(2007—2016 年)、《湖北省统计年鉴》(2007—2016 年)及湖北省各市州统计年鉴,粮食价格数据来自湖北省发改委、农业厅及 WIND 数据库。

1.6 可能的创新

自我国推行农业补贴政策以来,已出现大量相关研究。最早关于农业补贴的研究都是从理论上进行分析或者介绍国外农业补贴经验,为我国农业补贴政策的发展方向提供参考。随着农业补贴政策的实施,学者们开始利用调查问卷数据、财政支农数据或者全国宏观数据对农业补贴效应进行实证分析。大部分研究仅探寻农业补贴对粮食产量、农民收入的影响,而没有进行全面分析。本书运用 2006—2015 年湖北省 71 个县级面板数据,全面探讨我国粮食直接补贴、农资综合补贴、良种补贴三种主要农业补贴政策对政策目标的影响机制及效应。因此,本书的创新有以下几点:

(1)使用数据的创新。本书采取 2006—2015 年湖北省县级宏观面板数据。已有的文献大多基于调查问卷数据、政府对农业财政支出金额进行分析(近几年也有文献选择农村固定观察点微观数据)。调查问卷数据所获得的是农户行为第一手资料,信息量丰富,但因大部分农民对补贴政策不了解或不愿意告知而使数据精准度大打折扣。财政支农数据作为农业补贴,不利于研究各种农业补贴的实施效果。农村固定观察点微观数据最早只有 2012 年的数据,距本书所做研究开始时已有 3

---

① 根据湖北省财政与编制政务公开网站财政专项资金部分收集和整理。

年,而当前农业补贴情况已发生较大变化。本书选取 2006—2015 年湖北省 71 个县级面板数据,使得研究精准性更高,说服力更强,能够有效把握其方向性。

(2)研究内容的创新。粮食直接补贴、农资综合补贴、良种补贴是我国重要的农业补贴政策,对促进农业发展具有特殊的意义,但已有的文献大多关注粮食直接补贴、农机购置补贴政策的实施效果。粮食直接补贴政策的主要目标是刺激农民种粮的积极性、保障粮食安全、促进农民收入增加;农资综合补贴政策的主要目标是弥补农民因化肥、柴油等粮食生产要素价格上涨而带来的损失;良种补贴政策的目标主要是提高粮食单产和品质、保障粮食产量、促进农民收入增加。本书研究粮食直接补贴、农资综合补贴、良种补贴这三大主要农业补贴政策是否与其相对应的目标之间存在相关性,并从实证上验证农业补贴政策是否有效地实现其预期目标,使得农业补贴政策效应研究更加精准、系统。

(3)研究视角的创新。已有文献大多研究农业补贴政策或粮食直接补贴政策对粮食产量、农民收入的影响,或基于调查问卷数据了解农民对农业补贴政策的满意程度。本书以三大农业补贴政策的目标为出发点,研究农业补贴政策与其相对应目标指标之间的相关性,从而得到农业补贴政策的实施效应。

(4)理论分析框架的创新。本书借鉴生产者行为理论与消费者行为理论,构建了农业"三项补贴"政策经济效应的理论分析框架,详尽而严谨地分析了"三项补贴"政策的经济效应,并提出了 9 个理论命题。

2 概念界定、理论基础及政策实践

农业补贴政策作为一项重要的政策,已为世界上许多国家(尤其发达国家)和地区普遍采用。它起源于20世纪30年代的美国,现今已发展为一种支持农业发展的重要举措。当今世界,无论是发达国家还是发展中国家,农业问题都始终是关乎国计民生的重要议题。因此,各国一直致力于寻求和采取有效的农业支持和保护的措施,以推进农业发展,保障农民收入,振兴乡村。

在分析我国农业补贴政策的实施效果之前,首先有必要对农业补贴政策的概念进行阐述,界定本书所研究农业补贴政策的概念,并归纳总结农业补贴政策类型和特征;其次给出实施农业补贴政策的相关理论依据;最后对我国农业补贴政策的演变、实施现状和特征进行阐述,为后文的研究奠定基础。

2.1 农业补贴政策的概念界定

2.1.1 农业补贴政策的内涵

农业补贴政策是指实施农业补贴所对应的政策,要了解它的内涵只需了解农业补贴的内涵。农业补贴是财政补贴的组成部分,并充当着重要的角色。农业补贴是各级政府为了实现保障粮食数量、结构以及质量3个方面的安全,促进农民收入水平提高,实现农业可持续发展等政策目标,针对某些特定项目实施具体的资金支持,按照一定的补贴依据和标准,通过影响农产品和柴油、化肥等农业生产资料的相对价格结构的方式,改变农业产品、农业生产资料的供给和需求结构,从而产生收入效应和替代效应的具有导向功能的政府的一种转移性支出。

从补贴产生的起源来看,农业补贴有广义和狭义两种含义。广义的农业补贴是指财政对包括支持农业发展、促进农民生活水平提高及加强农业基础设施建设等方面在内的"三农"领域的所有投入。该种补贴并不会导致某种特定的具体农产品产量的增长,而是广义的投入。狭义的农业补贴是政府为了某种特定的目的(比如,国家粮食安全、保护和提高农民收入水平及特定农产品的产业安全等)而进行的一种转移性支出。因此,狭义的农业补贴政策是政府为了某种特定目的而制定和实施的专门性政策,且制定和实施的方式和方法也具有多样性(包括直接价格干预、补贴及多种形式的资金支持等)。总体而言,狭义的农业补贴政策是以粮食最低收购价、目标支持价格为基础,以粮食直接补贴、农资综合补贴和农机购置补贴等直接补贴为主体,以农业基础设施建设、农业科研与推广、测土配方施肥、农民培训等农业综合支持补贴为补充的农业补贴政策体系。

在本书研究中,主要考虑的是狭义的农业补贴政策,具体包括粮食直接补贴(本书粮食指的是国家给予补贴的粮食作物,主要是小麦、水稻和玉米,不包括土豆、大豆、杂豆等不受直接补贴的粮食作物)、农资综合补贴、良种补贴三大主要补贴政策。

(1)粮食直接补贴。简称粮食直补,是国家通过对生产粮食的农民直接补贴现金,推动农民收入增加,调动农民的种粮积极性,促进农民扩大粮食种植面积,提升和保护粮食综合生产的能力,给予种粮农民的一项政策性补贴。

(2)农资综合补贴。它是指国家对农民实施的一种直接补贴政策,补贴品种可包括农膜、化肥、农药、柴油等各种农业生产资料。农资综合补贴在实行时遵循"价补统筹、动态调整、只增补减"的原则,依据化肥、柴油等农业生产资料价格的变动,建立并完善农资综合补贴动态调整机制,实时安排农资综合补贴资金,对种粮农民增加的农业生产资料成本进行合理弥补,同时规定新增的补贴要优先支持种粮大户。

(3)良种补贴。它是指国家对使用良种的农户给予一定额度的补贴,鼓励种粮农户使用优良的作物品种,以期提升粮食产量和品质。良种补贴规模自2011年起不断扩大,对部分粮食品种的补贴标准也不断提高。

2.1.2 农业补贴政策的分类

从国内外实践和政策执行看,农业补贴政策形势多种多样,人们对其划分方式也不尽一致。按照不同的划分标准,农业补贴政策可以有多种不同的分类方式。根据农业生产的不同环节,农业补贴政策可划分为生产性补贴、流通补贴和收入补贴。根据支付方式的不同,农业补贴政策可分为直接补贴、间接补贴。根据补贴对象的不同,农业补贴政策可分为生产者补贴、消费者补贴与经营者补贴三种。

本书拟按照农业补贴的作用机制将其划分为四大类型:收入类农业补贴、成本类农业补贴、技术进步类农业补贴和价格类农业补贴。

收入类农业补贴是指通过对农民进行直接补贴,增加农民的收入,从而影响农民农业预算总支出的农业补贴政策。挂钩粮食直接补贴、挂钩农资综合补贴都属于收入类农业补贴。脱钩粮食直接补贴是指粮食直接补贴不与当期农业生产、种植情况相挂钩,即脱钩粮食直接补贴数额与粮食作物播种面积无关,无论农民是否积极从事粮食生产都可以拿到应得的补贴额。脱钩粮食直接补贴一般会把计税田亩或计税常产作为粮食直接补贴的依据,无论农户是否实际种植,有承包土地就都有补贴,是一种普惠式补贴。脱钩粮食直接补贴直接发放给农民,增加农民收入,从而影响农民对粮食生产的预算支出,因此属于收入类农业补贴政策。脱钩农资综合补贴的补贴方式和作用机制与脱钩粮食直接补贴类似,因此也属于收入类农业补贴。

成本类农业补贴是指通过降低粮食生产成本,从而调动农民的种粮积极性,促进粮食生产增加,增加农民收入水平的农业补贴政策。脱钩粮食直接补贴、脱钩农资综合补贴等属于成本类农业补贴。挂钩粮食直接补贴是指粮食直接补贴与当期农业生产、种植情况相挂钩,即挂钩粮食直接补贴按照农民实际粮食作物播种面积进行补贴,粮食直补数额与粮食作物播种面积挂钩,种多少补多少。挂钩粮食直接补贴可以降低粮食生产成本,调动农民的种粮积极性,从而促进粮食生产增加和农民增收,因此属于成本类农业补贴政策。挂钩农资综合补贴的补贴方式和作用机制与挂钩粮食直接补贴类似,因此也属于成本类农业补贴政策。

技术进步类农业补贴是指通过新产品和新技术改进农业生产方式,从而提高农产品生产效率的农业补贴政策。良种补贴、农机具购置补贴等属于技术进步类农业补贴。良种补贴是政府对使用优质良种的农民给予的补贴,引导农民采用新品种和新技术,提高农产品产量和品质,因此属于技术进步类农业补贴。农机具购置补贴是政府对购买目录规定范围内的农业机械的农民给予的补贴,鼓励和支持农民使用先进适用的农业机械,提高机械化进程,从而提高农产品产量,因此属于技术进步类农业补贴。

价格类农业补贴是指通过稳定或者影响农产品的价格来促进粮食生产的发展、保护农民的种粮积极性和保障农民种粮收益的农业补贴政策。最低收购价、临时收储价格等属于价格类农业补贴。

目前,我国粮食直接补贴、农资综合补贴、良种补贴等主要的农业补贴政策按农业补贴的作用机制分类如表2.1所示。

表2.1 部分农业补贴政策按农业补贴的作用机制分类表

补贴类型	具体农业补贴政策
收入类农业补贴	脱钩粮食直接补贴;脱钩农资综合补贴;新型农村合作医疗;农村养老保险
成本类农业补贴	挂钩粮食直接补贴;挂钩农资综合补贴;渔业柴油补贴
技术进步类农业补贴	良种补贴;农机具购置补贴;测土配方施肥补贴;畜牧良种补贴;科技入户技术补贴;新型农业培训补助;膜下滴灌设备补助;耕地保护与资料提升补助
价格类农业补贴	最低收购价;临时收储价格;农业保险支持

2.1.3 农业补贴政策的基本特征

从上述农业补贴政策的内涵和分类,可以得知农业补贴政策的特征主要包括以下几点:

(1)农业补贴政策的实施主体是政府。无论采取哪种农业补贴方式,其补贴资金最终来都源于财政收入。

(2)农业补贴属于政府的转移性支出,即它是政府给予农业生产者、消费者或者经营者的单方面的、无偿的资金转移。获得农业补贴的农业生产者、消费者或者经营者必然会由此获得一定的利益,而且这种利益是非等价的,补贴额是一种纯粹的利益增加或成本减少额,因此农业补贴必然是一种转移支付行为。

(3)农业补贴政策的最终接受者或受益者一般为从事农业生产的农民。我国正在实施的粮食直接补贴、良种补贴、农资综合直接补贴、农机具购置补贴、粮食最低收购价、政策性农业保险补贴、生态补贴等补贴项目的最终受益者均为农业生产者。

(4)农业补贴所要实现的政策目标往往具有多元化和阶段性。农业补贴政策的目标主要有三个:一是保障粮食安全;二是提高农民的收入水平;三是实现农业和农村经济的可持续发展。农业补贴的政策目标会随着经济发展水平、产业结构等相关经济变量的变动而做出对应的调整。

(5)农业补贴方式具有多样性和灵活性。农业补贴政策目标的多元化和阶段性特征必然要求农业补贴方式同时具备多样性与灵活性,因此农业补贴方式较为丰富。

2.2 实施农业补贴政策的理论依据

2.2.1 农业的准公共产品属性

准公共产品普遍具有以下四大特征：

(1)临界拥挤性。准公共产品对消费者的数量具有一定的约束,它无法承受所有的消费者。准公共产品的消费者数量有一个"拥挤点",在未超过"拥挤点"的范围内时,每增加一个消费者的边际成本为零,增加额外的消费者,不会存在竞争性和排他性问题;超过"拥挤点"后,新增加的消费者的边际成本开始变为无穷大,存在竞争性和排他性问题。拥挤性表现的是一定程度受益的排他性。

(2)同时兼具正负外部性。准公共产品具有较强的外部性,它会使得部分人收益,且不用支付相应报酬;也会使得部分人受损,且无法获取相应补偿。

(3)局部的非排他性和非竞争性。第一类是具有收益排他性但不具有消费竞争性的准公共产品,被称为拥挤性准公共产品;第二类是不具有收益排他性但具有消费竞争性的准公共产品,被称为公共资源,具有效用的不可分割性,不能有效地排除不付费者的消费,在消费上具有竞争性特征;第三类是具有局部排他性和竞争性的准公共产品。

(4)消费数量的非均等性。在一定时期内,每个消费者对准公共产品的消费数量和获得的效用数量各不相同。若完全靠市场来提供准公共产品,由于产品过高收费成本或巨大沉淀成本存在,准公共产品的供给必定不足,极易造成社会资源配置效率损失。因此,准公共产品一般应采用由市场与政府相结合的供给方式(高鹤文,2009)。

农业具备准公共产品临界拥挤性、正负外部性、局部的非排他性和非竞争性,以及消费数量的非均等性的特征,因此属于准公共产品。

农业产品和服务具有临界拥挤性。随着经济高速发展,工业化、城市化进程加快,非农产业与农业在耕地利用方面的矛盾日益激烈;加上退耕还林等环境保护政策的出台,中国耕地面积出现逐渐递减态势,粮食等人们必需的生活资料的供给数量具有一定的限度,当人们所需数量超过所能承受供给的数量时,就会产生拥挤成本。

农业产品和服务兼具正负外部性。农业一方面给人们提供必需的生活资料和其他产业的原材料,兼具保障国家粮食安全、保护与改善生态环境的功能;但另一方面,又导致农业化学污染、带来水土流失等多种负面问题。农业具有的这些多功能性特征,使农业产品或服务的私人收益不能同社会收益保持一致,从而产生有正有负的外部性特征。农业的正外部性,是指厂商或个人在进行生产或消费行为时能够给他人带来利益,其他人不需为这种利益投入任何成本,给整个社会带来的社会收益大于给个人带来的私人收益,如农田水利基础设施、农业科研、生产技术和生产工具的研发及推广、农村义务基础教育、农村社会保障等农业产品及服务,但存在免费搭车现象。农业的负外部性,是指厂商或个人在进行生产或消费行为时会给他人带来损害,而厂商或个人无须为该种损坏补偿别人,如过量使用农药、化肥会造成环境污染与农产品污染等。

农业产品和服务具备局部的非排他性和非竞争性特征。人类得以生存和发展,农业是基础,农民生产的粮食等农产品是人们生存和发展的生活必需品,具有刚性的消费需求,而且消费的数量基本上是固定的,任何人都不可能不吃饭,也不可能通过任何手段来独占,不让别人消费。通常来说,农业生产条件和设施需要的产品和服务,一般都在不同程度上具有公共产品的非排他性和非竞争性;农业生产过程所必需的农业科研与技术推广、农田水利设施等,同样具有局部的非排他性和非竞争性,尽管它们投资规模和风险大,周期也长。农业产品和服务具有消费数量的非均等性。由于农业生产的区域分布不均衡,在一定时期内,同一地区的不同农民及不同地区的农民对农业的消费数量和获得的效用数量可能并不相同。

我国农业本身具有准公共产品的性质,这就意味着农业存在公共性特征和市场失灵的问题,通过市场机制无法实现有效的供给,不可能完全依赖市场调节。因此,需要政府来扮演制度供给者、环境营造者和主要投资者的角色,鼓励农业生产者提供农业产品,满足社会经济对农业生产这样产品的需求,解决市场失灵问题,有效地促进我国农业的可持续发展。

2.2.2　农业的基础性地位

1)农业是人类生存和发展的基础

早在中国春秋时期,在著作《牧民》中,思想家管子概括出农业的重要性。《汉书·郦食其传》中的"民以食为天"指出人民以粮食为自己生活所系,需要粮食等生活必需品来维系生产,也强调了粮食的重要性。古希腊思想家色诺芬在其代表作《经济论,雅典的收入》中认为农业是其他技艺的母亲与保姆,同样证实了农业的重要作用。

农业是人类生存之本、衣食之源。随着工业现代化的发展,人类一部分生活资

料可以从其他部门获得,但是无论过去、现在还是将来,农业仍是人类生存和发展所需要生活资料的主要源泉。农业具有其他产业所不具备的不可替代的作用,使其成为人类生存的前提和社会经济得以发展的基础,这决定了农业的基础性地位。农业是人类的"母亲产业"。在远古时期,人类取材于地,取材于自然,依赖树林、河流等自然条件塑造有利的生活环境,以保证食物、衣物的充足,从而抵御饥饿、寒冷等生存威胁。而农业正是在这样的背景下逐渐发展起来的,农业是人类利用太阳能和自然资源,并将其转换成为自身生存生活所需物质资料的重要途径。在社会发展的任何时期,人类所依赖的最基础的物质资料就是食物、衣物,尽管随着收入水平的提高,人类对生存必需品的需求会发生变化,但到目前为止,粮食、面粉、油、茶、果、棉、麻、肉、蛋、奶、皮毛等人类生存生活所需要的物质资料依然来自农业,其他产业依然不能代替农业的基础性地位。虽然目前化纤业迅猛发展,但是目前还没有哪一种化纤材料能够完全替代棉、麻、毛等天然动植物纤维。即使将来科学技术高度发展,社会可用工业的方法来生产碳水化合物、蛋白质、脂肪等,人类社会也不会也不可能放弃农业这种通过生物能量转换取得食物的最方便、最经济的基本途径;并且,人类对生存和发展所需生活资料的需求是源源不断的。农业的一次生产能力是有限的,但是人类对物质资料的需求是多层次和多维的,农业一次性生产的物质资料是无法满足全部人类所需的,因此,农业"一复一日、年复一年"的生产特征可以满足这种供求不匹配的状态。农业生产的食物养活了人类,由棉麻制造出来的衣物使人类避免了寒冷的侵袭,人们的温饱问题最初便由农业解决,可以说,农业是人类生存的基础,其基础性地位是不可撼动的。

2)农业是社会分工的基础

马克思主义政治经济学认为,农业是社会分工的基础。社会分工分为两个层面,第一是工业从农业中分离出来,第二是其他产业,如服务业从农业、工业中分离出来。只有当农业能够提供足够的剩余产品,社会生产农产品、牲畜等用时变少,农业生产效率得以提高,使农产品的供给能够满足全社会对粮食等农业产品的基本需求时,农业劳动力才能够从农业部门解放出来,从事其他产业的劳动,为其他产业的发展提供劳动与资本。也只有这样工业才有可能从农业中分离出来,而其他产业,如服务业也才能逐渐从农业、工业中分离出来。由此可以看出,人类社会的几次分工是建立在农业发展这个前提和基础上的。随着人类社会的发展,在农业发展的基础上出现了其他产业。如今,社会分工越来越复杂、越来越细,越来越多的行业和部门独立于农业之外,然而这些行业和部门要进一步发展,仍需以农业的发展为基础。

农业生产力的提高是社会分工的前提，也是其他产业萌芽、产生和发展的基础。农业生产力的提升，在一定程度上能够解放一部分的农业生产劳动力，这一部分被稀释出来的劳动力就转变成为其他产业的劳动力，能够为其他产业的兴起和发展注入资本。只有农业生产部门的生产水平上升到一定的高度，满足其他生产部门对生产资料的需求，其他生产部门才有可能完全独立出来，才有人类社会的大分工；而社会分工的深度和广度又决定了经济发达的程度。社会分工的结果使越来越多的人从体力劳动中脱离出来从事非农业活动，也使社会产品越来越丰富。这样，国民经济的各个部门就会快速发展，从而社会的物质和精神生产也会得到广泛发展，社会就会不断进步。无论社会发展到哪一阶段，农业都是其他产业发展的基础，提供人民生活的基本资料。虽然现在社会分工越来越细、越来越专业化，但无论怎么专业化分工，无论人们从事哪种职业，人们都避免不了一日三餐对食物的消费。农业的发展能促进农民收入提高，刺激非农产业的产品和服务的市场需求量增加，从而有利于其他产业的发展。

3）农业是国民经济发展的基础

对工业及整个国民经济发展而言，农业增长是前提条件。农业既对国民经济整体发展起制约作用，同时也受国民经济其他部门限制。社会进步水平越高，农业同国民经济其他部门之间的联系越密切，农业的基础地位越显重要。国民经济全局的发展，直接受农业发展的影响。

首先，农业发展是工业生产、服务业发展的基础。农业为非农业部门提供重要的原材料，尤其在工业生产中扮演着不可替代的角色。例如，橡树的种植和采割能够为重工业橡胶工业提供优质的原材料；粮食、纤维、牲畜、烟叶等农产品是轻工业食品、纺织、皮革、烟酒业的重要原材料……如果没有农产品的供应，工业尤其是轻工业将会陷入弹尽粮绝、令人担忧的境地。

其次，劳动力、土地等生产要素由农业部门转移到非农业部门，推动着国民经济的发展。随着我国经济的不断发展，农业的产值份额在国民经济中逐渐下降，第二、第三产业成为国民经济的主导产业，但农业仍是国民经济的基础。"配第-克拉克定理"表明，随着经济的发展，人均国民收入水平的提升，劳动力由农业向工业转移，经济进一步发展，第一产业国民收入和劳动力的相对比重在逐渐降低，第二产业国民收入和劳动力的相对比重会慢慢增加。随着经济的进一步发展，劳动力会逐渐聚集在第三产业，第三产业国民收入和劳动力的相对比重也开始提升。西

蒙·库兹涅茨也持有类似的观点。他认为,随着时间的推移,经济的逐步发展,农业部门劳动力占比会逐渐下降,与此同时,第一产业产值占比也会下降。但是,不管农业相对份额怎么下降,它仍是国民经济的基础,适用于任何国家。伴随国民经济其他部门发展和城市化进程加速,对土地的需求有所增加。在土地资源数量有限的现实条件下,只能靠将农业用地转化为非农业用地来解决这一需求。

最后,我国作为农业大国,农村人口众多,农业和农村对工业品的国内市场贡献巨大。农业和农村从提供化肥、农机及房屋建筑材料等生产资料消费和衣物、家庭用品等生活资料消费两个方面促进了国民经济的发展。政府增加农村公共产品供给,促进了农业发展,增加农民收入,改善农民生活条件,扩大农村消费,进而刺激国民经济的增长,实现国民经济稳定增长。

农业是国民经济的基础,无论经济社会怎么发展,农业基础性地位都不会改变。但目前农民数量多且分布不集中,土地等资源分布不均,区域间存在较大的禀赋差异,人均土地资源存在重大缺口,农业生产效率亟待提升,农民的农业生产经营收入水平普遍较低等,这些均构成了整个国民经济的"短板"。基于农业的重要的基础性地位,政府必须采取对农业的宏观支持政策来保证农业的可持续发展。

2.2.3 农业弱质产业扶持理论

1)生产领域的弱质性

农业生产同时具有自然属性和经济属性双重特征,这决定了农业具有弱质性。农业的生产对象为生命有机体,生产过程包含了农作物的自然再生产过程。农业是人类直接利用太阳能、生物、土壤、气候等自然力作用于有生命的生物的一种生产活动,具有自然再生产和经济再生产交织在一起的生产特殊性。正如马克思所说,"在所有生产部门中都有再生产,但是这种同生产相联系的再生产只有在农业中才是同自然的再生产一致的"。

农业在生产农产品过程中受自然风险与市场风险的双重威胁。农业生产的自然再生产状况决定农业面临极大的自然风险。农业区别于其他产业的最根本之处就在于它是利用生命有机体生长、繁育的自然规律获得农产品。在这一过程中,生命有机体的生长、繁育能力的大小和质量的高低,与外界自然环境和气候条件的好坏有着直接的关系。农业生产对自然条件有很强的依赖性,而影响农业的自然生产条件本身又经常处于变化之中。在不同的自然条件下,相同的植物和动物在等量劳动的情况下所生产的农产品的数量会有不同。如果当年受到自然灾害,农业产量可能会减少,甚至颗粒无收,农民收入也会减少;反之,如果风调雨顺,农业就会大丰收。农民作为农业生产的主体,人为控制自然因素的能力较弱,农业生产在很大程度上靠天收获。自然是不可控的,即使在科技水平高度发达的当代,对洪涝、干旱、地震、台风、风雹、雪灾、山体滑坡、泥石流、病虫害、森林火灾等自然灾害仍然是无法抵御的,只能提前预防和减少灾害发生。随着全球气候变化,生态环境日趋恶化,致灾因素的变数加大,自然灾害发生的频率和强度有加剧的趋势,而在灾难事故中受到损失的主要是农业、农村和农民。由于自然的不可控,农业总体上来说仍然需要靠天吃饭。由此,造成了农业生产过程中存在着很大的不稳定性和不可预见性,从而导致农业产品产量具有明显的不确定性和脆弱性,这意味着农业面临着比第二、第三产业更大的风险,农业生产具有弱质性。

农业的经济再生产是以自然再生产作为基础和起点的,农业的自然依赖性导致了市场风险,市场经济体制下农业市场风险更大。农业生产由于具有风险大、周期长、需求弹性小、资金周转慢、对市场信息反应迟缓、地区差异大等本质特性,因此与其他产业相比,投入单位资金所赚取的利润更低。农业生产是一个首先投入资金、人力、技术、土地等生产要素,随后进行生产获得一定产出的过程。随着经济的发展,在完全的市场经济条件下,资源流动的趋利效应比较明显,社会资源会投向比较利益高的部门和产业,农业对生产要素缺少吸引力,包括技术、高素质劳动力、资本等在内的优质资源很难进入农业,甚至农业自身的资源也可能朝着利益更好的其他行业转移,因此农业相较于其他产业特别是工业,具有比较利益逐渐下降的特性。在市场经济条件下人们不愿主动将资源投入农业生产,再加上农业技术水平进步速度不够,造成农业劳动的生产效率低下。上述各方面都证实了农业生产的弱质性特征。

2)消费领域的弱质性

在农产品的消费领域,农业的弱质性同样存在。恩格尔定律指出,用于食品消费的支出在总支出中的占比,随着人们收入的增长反而会降低。

从农业的需求角度来看,农产品作为人类生存和发展的基本必需品,人们对农产品的需求量受到人们生理的限制,需求量比较固定,不会因为农产品的价格太高而减少对其的消费量,也不会因为农产品价格下降而增加对其的消费量。在正常需求量的附近,相比于价格的变动幅度,人们对粮食需求量的变动幅度更小。根据马歇尔需求弹性规律,大部分农产品的需求量的变化比例小于价格变化的比例,需求价格弹性小于1。当农产品供过于求时,由于粮食供给的价格弹性大,需求的价格弹性小,会出现卖粮困难的难题;同时,价格下降带来的销售量增加也不能弥补价格下降带来的损失,从而使农民利益受损。

在农业供给方面,由于大部分农产品受生产周期长、不耐储存及农业生产本身特点的约束,当农产品的价格发生变化的时候,农产品很难在短时间内得到调整,因此大部分农产品的供给对价格缺乏弹性,在价格方面体现弱质性。由于农产品具有生产周期长的特性,西方经济学家多利用蛛网模型动态均衡分析农产品的供求状况及其价格的基本走势。农业的现期产量只能由前一期的生产规模决定,这种决策没有根据市场反馈的现期的农产品价格走势来作出。因此当现期的农产品上市时市场价格可能已经发生很大的变化,农产品生产往往陷入"蛛网困境",赶不上市场变动的节奏,"蛛网困境"使农业生产规模与农民收入波动很大。

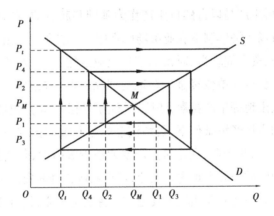

图 2.1　粮食价格呈发散性蛛网变动

如图 2.1 所示,大部分农业需求弹性小,短期内的供给弹性也偏小,且需求弹性小于供给弹性。图中 S 和 D 曲线分别代表市场上某种农产品的供给和需求曲线,M 是实现该农产品供给与需求均衡的均衡点。如果出于某种原因,第一年生产者该农产品产量增加到 Q_1(大于均衡产量),消费者在该农产品提供产量 Q_1 时愿意支付的价格为 P_1,此时其成交价小于之前的均衡价格 P_M。农业生产者在第二年以价格 P_1 为标准确定其的供给量,供给量随着减少为 Q_2,由于该农产品供给量的减少,消费者对其愿意支付的价格增长到 P_2;作为新的均衡价格,P_2 大于先前的均衡价格 P_1,这导致第三年农产品供应量上升至 Q_3,新的均衡价格相应地变成 P_3,再次比均衡价格 P_M 小。依次循环,农产品的价格及产量的波动会逐渐增强,实际价格 P_t 偏离均衡价格 P_M 的幅度会越来越大,农业经营者很难掌握供求信息。这种信息的严重不对称导致农业生产者承担收入不稳定的风险,体现了农业的弱质性。

3)流转领域的弱质性

农业生产的产品绝大部分要进入市场进行交换后才是商品。在农产品流转过程中,价格和供求之间存在着时滞性。农业生产具有季节性和周期性,这导致生产者不能及时地对价格做出反应,调整生产项目的能力较弱,新的决策需在下个生产周期中才能得以实施。大多数农作物属于露地种植,在一定的季节播种,经过一段时期的生长直至成熟,要到一定的季节才获得收益,其生产周期较长。如玉米、水稻等农作物在我国南方一年可以生产两季,但在北方一年只能生产一次。同时,由于大多数农户分散经营,农产品量大、价值低、易腐烂,相对运费高,储存损耗大而农民面对变化多端的大市场,缺乏经营组织性,无力引导消费,产品销售措施乏力,对市场的适应能力明显较差,只能被动地适应市场变化,导致农产品在交换中往往处于极为不利的地位。因此在市场自行调节机制下,农产品供给难以及时追随价格变化,导致农产品稀缺或过剩的信号往往被放大,致使价格产生了严重扭曲,农业经营者难以建立起稳定的价格预期,他们面临着比其他行业更高的市场风险。

由上述可见,农业是一个充满风险的弱质产业。在市场机制不能保证农业生产经营者有预期的合理利润的情况下,国家需要加强实施对农业实行扶持、保护和补贴的政策,从而保证农业生产经营者获得合理的利润。

2.3 我国农业补贴政策实践

2.3.1 农业补贴政策的演变历程

随着历史发展及国家发展战略的不断变迁,我国农业补贴政策从新中国成立截止到现在,大致历经了四个演化阶段:计划经济时期(1949—1977年),实施统购统销政策,在消费领域对城镇居民进行补贴;改革初期(1978—2003年),以经济体制改革为导向,在消费领域对城镇居民进行补贴,在流通领域则实施以粮食价格支持为标志的农业间接补贴;完善时期(2004—2015年),在推进统筹城乡发展的新战略决策的背景下,偏重在生产领域实施农业直接补贴,创建并完善农业公共服务支持体系;供给侧结构性改革时期(2016年至今),农业补贴政策以供给侧结构性改革为指导,整合和统筹农业补贴政策,提高农业补贴的针对性和效能,改革财政支农的投入结构和方式,调控农业的结构。农业补贴政策历经上述四个阶段的演变,实现了从"以农补工、农业与农民利益受损、工业与城镇居民获得利益"到"工业反哺农业、城市支持农村"的重大转变。

1）计划经济时期的农业补贴政策（1949—1977 年）

中华人民共和国成立后,在生产资本极其稀缺和资本主义国家对我国实行经济封锁的形势下,我国确立了一套基本符合国情的经济发展战略:建立和优先发展重工业,通过农业剩余的积累支持工业发展。在这一时期,农业是国民经济的主导产业。鉴于我国财力比较薄弱,国家对农业实行了一种单向的汲取政策。从 1953 年开始,国家逐步对农产品实行统购统销,统销政策补贴的是消费者,主要通过国有粮食企业向农民征收公粮(实际上是物质形式的农业税收,农业税收为国家工业化发展提供了建设资金,是国家财政收入的主要来源)和低价购买余粮,然后,国家通过财政补贴,将粮食低价供应给城镇居民。

1958 年社会主义改造完成后,国家开始实行高度集中的计划经济体制,也相应在财政上实行高度集中的统收统支的管理体制,同时还出台了《农业税征收条例》,对农业征税进入制度化阶段。这一时期,国家安排一部分资金支持改善农业生产条件,但国家继续对农产品严格执行统购统销政策,严格管控农产品价格;同时,通过"剪刀差"的价格设置,使农业部门为工业化建设做出了巨大的贡献。

这一时期的农业政策基本是一种攫取政策,农业生产的目的除了满足最基本的生活需求外,最主要是为工业积累资金。微薄的农业补贴是为了维持农业的简单再生产,为工业积累更多的资金。

2）改革开放时期的农业补贴政策（1978—2003 年）

党的十一届三中全会指出,必须集中主要精力搞好农业,随着家庭联产承包责任制逐渐在农村普遍推广,农业补贴政策拉开了帷幕。1979 年,国家加大对农产品的收购价格、农业生产资料补贴,同时推出多项惠农政策,使农产品价格得到提高,农业生产资料价格得到有效控制。20 世纪 80 年代初,我国的财政包干体制取代传统的统收统支体制,最终分别确定中央财政、地方财政在"三农"方面支出的比重。在 1982 年至 1985 年的中央一号文件中均有涉及财政支持补贴农业的政策和措施。

20 世纪 80 年代中期,为了适应经济体制改革的需要,国家对粮食补贴政策不断地进行调整,逐步废除了与商品经济和市场经济不相适应的粮食统购统销政策。中央政府 1985 年出台《关于进一步活跃农村经济的十项政策》,正式取消"统购派购"制度,但保留了少数重要产品,如粮、棉等的计划合同收购。1986 年,国务院下达《关于完善粮食合同定购制度的通知》,粮食流通采取"双轨制"运行模式,一部分粮食由政府采取强制性手段进行控制,保障粮食安全,另一部分粮食则由生产者、消费者和流通组织自行进行购销,逐步发挥市场机制的基础性作用。1988—1989年,政府落实柴油、化肥和预购定金"三挂钩"政策,依照粮食合同定购任务与规定的挂钩标准,按照定购50千克粮食,补贴5~7千克柴油和20千克化肥的标准进行补贴。

1990年,国家对粮食流通体制进行改革,提出粮食收购的两项保护措施,具体表现为粮食风险基金及粮食专项储备制度、最低保护价制度。粮食收购保护政策的出台和实施,加强了国家对粮食市场宏观调控,推进了农产品市场改革。1993年,国务院下发《关于建立粮食收购保护价格制度的通知》,规定若主要粮食品种市场价格低于保护价格,则政府以保护价格收购粮食。

自21世纪90年代中期以来,我国推行积极的财政政策,通过发行长期建设国债,对农业基础设施进行支持,几次大幅度地提高农产品的收购价格,农业补贴政策得到进一步发展。面对市场调节机制的不完备、粮食减产等一系列问题,我国继续实施粮食储备制度和粮食风险基金、粮食最低保护价制度等粮食保护政策,从而保障国家粮食安全供给。1994年,国务院陆续出台《粮食风险基金实施意见》和《关于加强粮食市场管理保持市场稳定的通知》。国家试图通过实行"米袋子"省长负责制和"菜篮子"市长负责制,采取行政手段对粮食生产进行宏观控制,从而保障粮食市场有效供给,实现对市场粮食的数量和价格的宏观调控。与此同时,国家为棉花等农产品设立粮食风险基金,从而达到稳定价格的目的。1998—2000年,为了进一步完善粮食价格机制,国家出台《关于进一步深化粮食流通体制改革的决定》,提出国有粮食企业应按照保护价收购农民余粮。

1998年《中共中央关于农业和农村工作若干重大问题的决定》的出台,标志着我国农业补贴政策的重点由非平衡时期的保护城市居民向保护农业和农民转化,将增加农民收入、实现农业可持续发展作为新时期农业发展的目标。

2000年之后,为了减轻农民的负担,农村开始实施税费制度改革。2000年国家在安徽全省进行农村税费改革试点,2003年逐步在全国范围进行推广。"三取消、两调整、一改革"是农村税费改革的主要内容,具体为取消乡统筹费、农村教育集资等专门向农民征收的行政事业性收费和政府性基金、集资,取缔屠宰税,逐步取缔统一规定的劳动积累工与义务工;对农业税和农业特产税政策进行调整;改革村提留征收使用办法。为引导和鼓励农民在生产中使用农作物优良品种,提高农产品品质和产量,我国2002年在黑龙江、吉林、辽宁和内蒙古进行大豆良种补贴试点。在一系列支持农民、农村和农业的政策措施得以实施之后,自20世纪90年代末期起,我国逐步由农业汲取转向为农业保护。

3)"城乡统筹、以工哺农、以城带乡"背景下的农业补贴政策(2004—2015 年)

进入 21 世纪之后,"三农"问题因工农和城乡长期非均衡发展而日益突出,工农矛盾、城乡矛盾也不断加剧。同时,我国经济高速发展,工业自生能力不断提升,财政收入也得到增加,"以工哺农、以城带乡"的实施条件基本趋于成熟。此外,市场化程度日渐提升,市场经济体制不断完善,逐步建立起市场经济化的公共财政框架。因此,基于统筹城乡发展的新战略决策,政府以"工业反哺农业、农民直接受益"为思路,对农业支持保护制度做出改革,支持和保护农业发展。2004—2015 年的中央一号文件连续以"三农"为主题,主题包括促进农民增收、发展现代农业以及增强农业基础设施、提升农业综合生产能力、农业现代化建设等方面,提出农民增收、农业发展和农村改革的"三农"战略,深化农业财政改革,出台了一系列惠农强农政策,建立和完善了我国农业补贴政策。

(1)农业税减免。2004 年农村税费改革进入新阶段,国家不断推动农村税费改革,农村税费逐渐被取消直至 2006 年彻底退出历史舞台。2004 年广东与北京等省(直辖市)基本取缔农业特产税(除烟叶税外),黑龙江与吉林两省在改革试点推行农业税免征政策,内蒙古、湖北、河北等省区下调农业税率。2005 年农村税费改革力度增大,将农业特产税(除烟叶税外)取缔,全面免征牧业税,农业税免征省份数额增至 28 个。2005 年 12 月 29 日全国人大常委会决定,自 2006 年 1 月 1 日起废止《农业税条例》,2006 年全面取缔农业税(包括牧业税、农业税、屠宰税及农业特产税),这标志着农民利益分配的公平性得到全面提升,中国农村自此进入不同于任何历史时期的崭新阶段。

(2)农民直接补贴。2004 年,我国在全国范围内推行农业机械购置补贴政策、良种补贴政策、粮食直接补贴政策;2006 年又增加了农资综合直接补贴政策;2007 年提出农业保险保费补贴,与此同时,国家还陆续推行包括新型农民培训补贴政策、测土配方施肥补贴、繁殖母猪补贴、科技入户技术补贴等在内的各种补贴政策。对农民进行的直接补贴从良种补贴开始到"四项直补",再到农村消费补贴,补贴方式不断优化,补贴规模、种类及范围都逐年加大,同时补贴动态调整机制也日益完善。

(3)粮食最低收购价格政策。这是国家调节粮食市场的重要调控手段。粮食最低收购价格政策一方面保护了农民的种粮利益,调动了农民种粮积极性;另一方面,促进了粮食生产的稳定发展,国家粮食安全由此受到保障。因此,我国政府提出在必要时刻实行粮食最低收购价格。自 2004 年起,国家推行并不断完善粮食最低收购价政策,对农民生产行为加以引导,逐年提高小麦、稻谷最低收购价,同时稳步常态化玉米、大豆、油菜籽等农产品的临时收储价格。

(4)支持现代农业发展政策。为提高粮食和农业综合生产能力,保障国家粮食安全,实现农业的可持续发展,党的十六大以来制定和实施了一系列支持和保护现代农业发展的政策,促进农业发展和农民增收。首先,加强农业基础设施建设。其次,支持现代农业生产发展。自 2008 年起为支持现代农业生产发展,中央财政设立现代农业生产发展的专项资金,促进农业增效和农民增收。

4)农业供给侧结构性改革背景下的农业补贴政策(2016 年至今)

2016 年以来,国家更加重视农业补贴政策的导向作用,农业补贴政策进入新的阶段。2016 年中央一号文件中提出,在经济发展新常态的背景下,大力推进农业现代化,保障亿万农民与全国人民一同步入全面小康社会。文件同时还指出,必须强化物质装备和技术支撑,着力构建现代农业产业、生产、经营体系,实施"藏粮于地、藏粮于技"战略。2017 年中央一号文件指出,必须深入农业供给侧结构性改革,对财政支农投入机制进行改革,坚持将农业农村作为财政支出的首要保障领域,确保财政资金使用方式不断创新,农村投入适度加大,投入结构不断优化,财政与金融支农协作模式逐步完善。

统筹和整合农业补贴。2016 年财政部、农业部(现农业农村部)发布了关于《农业支持保护补贴资金管理办法》的通知,农业支持保护补贴政策是对原农业"三项补贴"政策的调整与完善,在加大农业补贴力度的同时改进农业补贴办法,直接补贴给拥有土地承包权的种地农民,有效提高了农业补贴政策的精准性,解决了多年来农业补贴种类较多、发放成本较高等问题,提高了农业补贴效能。2017年,中央财政将继续统筹安排农业生产发展资金,支持特色农产品优势区、重要农产品生产保护区及粮食生态功能区建设,加快实现农业向提质增效、可持续发展转变。同时,在执行、预算编制等环节加大统筹和整合力度。2017 年,中央财政从预算编制环节出发,摸索试行对农业转移支付采取"大专项+任务清单"的管理方式,减少涉农专项转移支付间的交叉重叠,大幅减少涉农专项转移支付的个数,增强专项转移支付内支出方向的统筹使用。

农业补贴逐渐朝专业大户、家庭农场和农民合作社等新型经营主体倾斜。根据农业生产资料价格下降的实际状况,各地在中央财政安排下达的农资综合补贴中安排 20% 的资金,附加农业"三项补贴"增量资金及种粮大户补贴试点资金,着重支持农业信贷担保体系的建立,逐步建成覆盖主要农业大县及粮食主产区的农

业信贷担保网络,对适度规模粮食经营主体贷款提供信用担保,重点解决新型经营主体在粮食适度规模经营中的"融资难"和"融资贵"问题,支持粮食适度规模经营,扶持新型农业经营主体发展。2016年,中央财政调剂安排230亿元重点支持建立健全农业信贷担保体系。

落实以绿色生态为导向的新型农业补贴制度。在国家粮食安全和农民收入稳定增长得到保障的前提条件下,以现有补贴政策的改革和完善为切入点,选择从制约农业可持续发展的关键环节和重要领域入手,突出绿色生态导向,增强湿地、林业及耕地等主要生态系统补贴政策,探索农业高效节约用水、农业污染治理等有效支持政策,实现农业的可持续发展。各地方落实最严格的耕地保护制度,划定永久基本农田,探索多种创新补贴措施和方式,建立"量质并重""用养结合"理念,提高土壤肥力,探索耕地轮作与休耕模式,扩大新一轮退耕还林还草规模。

5)农业补贴政策演变规律

总体来说,我国农业补贴政策历经了多年的发展,在不同时期与形势下不断改进,迄今为止已形成了较为成熟和全面的农业补贴政策,对推动"三农"的发展发挥了重要的作用。我们在系统地对我国农业补贴政策的历史脉络进行回顾和梳理后,发现它的演进模式是以农补工—工农自补—以工补农,与世界发达国家和其他发展中国家的农业补贴政策演变历程具有高度一致性。我国农业补贴政策由"农业受损、工业受益""农民利益受损、城镇居民获益"转变为"以工促农、以城带乡",真正体现了保护、支持农业和农民的目标。

我国农业补贴政策经历了多取少予至多予少取的转变,形成了促进农业生产、增加农民收入、推动农村社会主义全面建设的体系。改革开放初期,农业补贴政策侧重于增加农业生产投入和农产品价格补贴方面。深化改革时期,农业补贴政策涉及的范围更广,政府财政对农业的投入力度加大。工业反哺农业时期,强调城乡的统筹发展,实行农业保护支持制度。农业供给侧结构性改革时期,农业补贴政策侧重于发挥财政政策的政策导向,从而调控农业结构。

我国农业补贴政策目标由单一向多元化转变,采取的措施不断改变,涵盖的范围也不断变宽。农业补贴政策目标从单一的支持农业生产、保障粮食安全,向支持农业生产、保障粮食安全、提高农民收入水平、改善民生、保护生态环境并重转变。农业补贴政策采取的主要措施由在流通环节和消费环节对城镇消费者、农资生产企业和粮食经营企业进行购销差价补贴和采用最低收购价格,向在生产环节对农业生产者直接进行补贴转变。20世纪90年代,农业补贴政策主要关注的是农业的发展,比如粮棉油的补贴、森林的开发利用等;现阶段,农业补贴政策关注的不仅有农业,还包括农村的发展及农民的增收,涉及水利建设、农业综合开发资金、粮食直接补贴、扶贫资金、河流治理、教育科技、文体广播、社会保障、医疗卫生、保障性住房、支持经济发展以及供销社发展等领域。

农业补贴政策的演变过程,本质上是农业与工业、农民与城镇居民、农村与城市在利益博弈的过程中重新调整利益分配格局。农民生产的积极性通过分配形式的改革得以激发,农产品供给量得到增加,市场需求诱致型的农业生产模式在保障粮食供给的基础上得以建立。农业补贴政策从本质上讲,是国民收入在二次分配过程中,重新调整国家与农民之间的利益分配关系,协调农业与工业、农村与城市、农民与城镇居民利益矛盾的政策。国家的经济发展战略、特定时期的社会约束条件及环境,决定了国家与农民之间的利益分配具体是"予"大于"取",还是"取"大于"予",以及"予"的供给模式。

2.3.2 现行主要农业补贴政策的实施现状

2004 年以来,我国开始制定和实施粮食直接补贴、农资综合补贴、良种补贴、粮食最低收购价等一系列强农惠农政策,主要目标是促进粮食生产和农民收入增加。这使农业实现了全面支持和保护政策,形成了新时期农业补贴的制度框架。一方面,粮食直接补贴、农资综合补贴、良种补贴实施时间长、范围广、惠及面大且力度大(表2.2);另一方面,这三项直接补贴措施是现阶段农业补贴政策的重要组成部分。因此,本书只对粮食直接补贴、农资综合补贴和良种补贴这三大直接农业补贴的实施现状进行阐述和分析。

表2.2　2004—2015 年四大农业直接补贴额(单位:亿元)

年份	粮食直接补贴	农资综合补贴	良种补贴	农机购置补贴
2004	116		28.5	0.7
2005	135		38.7	3
2006	142	120	41.5	6
2007	151	276	66.6	20
2008	151	638	123.4	40
2009	151	716	198.5	130
2010	151	835	204	154.9

续表

年份	粮食直接补贴	农资综合补贴	良种补贴	农机购置补贴
2011	151	860	220	175
2012	151	1 078	224	215
2013	151	1 071	226	217.6
2014	151	1 078	215	237.55
2015	140.5	1 071	203.5	237.5

1)粮食直接补贴

(1)补贴方式和资金兑付方式。

粮食直接补贴政策 2002 年开始在安徽省和吉林省进行试点,2004 年在全国 29 个省(市、自治区)全面铺开,财政部发布的《实行对种粮农民直接补贴　调整粮食风险基金使用范围的实施意见》提出了粮食直接补贴资金按计税面积或计税常产、按粮食种植播种面积的补贴方式和具体操作方法,有些省份在补贴实践中采取按农民出售商品粮数量的方式进行补贴。因此,粮食直接补贴资金对农民发放核算的方式有三种类型。具体如下:

①按农民农业税计税田亩或计税常产为依据,确定每个农户享受的粮食直接补贴额。具体操作办法:以县(市)为单位,按该县(市)前三至五年国有粮食购销企业按保护价收购的农民余粮的平均数,确定各县(市)享受补贴的商品粮数量,如果补贴数量低于前三年平均粮食商品量的70%,应按不低于前三年平均粮食商品量的70%确定应享受补贴的粮食数量;以农业税计税土地面积或计税常产为基础,确定每个农户享受补贴的商品粮量,把全县(市)享受补贴的商品粮数量分解到一家一户;每斤商品粮的补贴标准按市场价低于受保护的目标价格的差价核定,全省统一;每个农户得到补贴额为核定的商品粮量乘以补贴标准。

由于在农业税收缴的过程中,各地对农户的计税田亩或计税常产进行了全面的测量和评估,并得到农户的普遍认可,因此这种方式的粮食直接补贴执行成本相对较小,操作十分简便。然而,把计税田亩或计税常产作为粮食直接补贴的依据,粮食直接补贴成了对耕地的补贴,成为一种变相的福利,难以实现对种粮农民的支持,在结构调整中不利于稳定粮源。这种补贴方式补贴数量是以农业税计税面积或计税常产为依据,只与农民计税面积或计税常产挂钩,而不与农民当期的生产类型、要素投入、粮食产量及粮食生产行为相关,农民无论是否积极从事粮食生产都可以拿到应得的补贴额,是一种脱钩的收入支持政策,具有普惠性。

②以农民实际粮食作物播种面积为依据,确定每个农户享受的粮食直接补贴额。具体操作办法:以县(市)为单位,按该县(市)前三至五年国有粮食购销企业以保护价收购的农民余粮的平均数,确定各县(市)享受补贴的商品粮数量;以粮食种植面积为基础,确定每个农户享受补贴的商品粮量,把全县(市)享受补贴的商品粮数量分解到一家一户;每斤商品粮的补贴标准按市场价低于受保护的目标价格的差价核定,全省统一;每个农户得到补贴额为核定的商品粮量乘以补贴标准。粮食种植面积核定的方法有两种,一种是为了减轻核实实际种粮面积的工作量和难度,采取在计税面积基础上,剔除半年内不能恢复粮食生产的经济作物和养殖面积(如桑、茶、果树、鱼塘等)的方法;另一种是为了减少因粮食复种带来的核实面积的工作量和难度,可采取只核查现在实行保护价的粮食品种的种植面积。

按照农民实际粮食作物播种面积进行补贴,使粮食直补数额与粮食作物播种面积挂钩,种多少补多少,属于一种与生产挂钩的补贴方式,能强化农民的种粮意愿,诱发农民增加粮食的种植面积。这种补贴方式在理论上是相对理想的补贴方式,但涉及对农民实际播种面积的测算、核算和登记,操作上难度较大,执行成本较高,同时透明度较差,容易出现虚报情况。

③以农民出售商品粮数量为依据,确定每个农民享受的粮食直接补贴额。具体操作办法:将粮食风险基金总额除以近三年来保护价收购粮食的总量,得出每单位商品粮应补贴数额,再按照各农户本年度出售商品粮总量给予补贴。农民将粮食交给国有粮食部门或经批准入市的民营企业,凭收购凭证和合同订单到乡财政所领取补贴。

按种粮农民向国有粮食购销企业出售粮食数量进行补贴,意味着农户粮食销售价格提高,是一种变相的价格补贴政策,可以很好地调动种粮农户进行粮食生产的积极性,对增加粮食产出和提高农民务农收入都具有一定的积极作用。

粮食直补资金兑付在初期主要采取三种方式:第一种是采取直接发放现金的方式;第二种是采取给种粮农民发信用社等金融机构的储蓄存折或支款凭证的方式;第三种是采取抵扣当年农业税的方式。后期逐步向实行"一卡通"或"一折通"的方式过渡,向农户发放储蓄存折或储蓄卡,形成较为规范的补贴发放渠道。

(2)补贴资金来源及分配。

粮食直接补贴资金来源于以前的粮食风险基金,主要由中央和地方共同承担。粮食风险基金始于1994年,是国家为保护种粮农民、稳定粮食市场、确保国家粮食

安全设立的专项调控基金,粮食风险基金按照中央政府和地方政府 1:1.5 承担,缺口部分按照 1:1 分担。2004 年财政部发布的《实行对种粮农民直接补贴 调整粮食风险基金使用范围的实施意见》提出,中央政府从风险基金中安排 100 亿元用于对种粮农民直接补贴,13 个粮食主产省、自治区用于直接补贴的资金,应为本省、自治区粮食风险基金总规模的 40%,以后年度逐年增加,经过三年时间,达到现有粮食风险基金规模一半的水平。2005 年财政部发布的《关于进一步完善对种粮农民直接补贴政策的意见》提出,坚持粮食直补向产粮大县、产粮大户倾斜,省级政府依据当地粮食生产的实际情况,对种粮农民给予直接补贴。2007 年中央一号文件规定各地粮食直接补贴资金要达到当地粮食风险基金规模 50% 以上的目标。

(3)补贴力度和对象。

2004 年,除 13 个粮食主产省(区)对农民进行粮食直补外,还有 16 个非主产省也对省内产粮大县的农民实施了粮食直补,全国 29 个省(市、区)安排直接补贴 116 亿元,有 6 亿农民直接得到了补贴的实惠;2005 年全国粮食直接补贴资金增加到 135 亿元,有些地方补贴标准稍微有些提高;2006 年全国粮食直接补贴资金达到 142 亿元,比 2005 年增加了 7 亿元,扩大到 31 个省(市、区),实现水稻、小麦全覆盖;2007 年全国粮食直接补贴资金相较于 2006 年增加了 9 亿元,增长到 151 亿元;从 2007 年开始至 2014 年全国粮食直接补贴资金保持为 151 亿元(表 2.2)。粮食直接补贴对象是全国种粮农民,补贴向粮食主产区倾斜,只对真正从事粮食生产的农民和耕地进行直接补贴。部分省区执行粮食直接补贴政策时实行普惠制,有少数省市是根据农户种植粮食面积的规模,向种粮大户倾斜。

2)农资综合补贴

(1)补贴方式和资金兑付方式。

2006 年《财政部关于对种粮农民柴油、化肥等农业生产资料增支实行综合直补的通知》提出,已实行粮食直接补贴的省份,要充分利用现有直接补贴渠道,原则上以现行直接补贴面积为基础,核定对农户的补贴标准。尚未实行粮食直接补贴的省份,原则上应结合本省实际情况,尽快建立直接补贴制度。其补贴方式跟粮食直接补贴类似,即以计税面积和计税常产为依据,确定每个农民获得的补贴数量;以农户实际粮食种植面积为依据,确定每个农民获得的补贴数量。2009 年发布的《关于进一步完善农资综合补贴动态 调整机制的实施意见》指出,应进一步完善补贴方式,有条件的省份应积极探索按实际粮食作物播种面积补贴等方式,使补贴与粮食生产直接挂钩。积极探索支持种粮大户的补贴制度,促进土地适度规模经营。

各地区在执行时主要是采用按照实际粮食作物播种面积进行补贴的模式,很多都是按照粮食直补面积进行补贴的。农资综合直接补贴采用的是一次发放、直接补贴粮农的方式进行补贴。对种粮农民兑付农资综合补贴资金,全部实行"一折通"或"一卡通"形式,通过储蓄存折(或卡)将资金一次性发放到种粮农民手中。2008年为降低成本、提高效率、方便农民领取,将农资综合直接补贴资金和对种粮农民补贴资金合并发放,采用"一卡通"或"一折通"的形式,一次性全部直接兑付给农户。

(2)补贴资金来源及分配。

农资综合补贴资金由中央财政预算安排,纳入粮食风险基金,实行专户管理。在资金分配上,2007年财政部发布的《关于做好2007年对种粮农民农资综合直接补贴工作的通知》指出,农资综合补贴资金在坚持向粮食主产区倾斜的同时,进一步向粮食增产快、商品量大、优质稻谷产量多的地区倾斜,继续坚持按因素法测算分配资金,资金分配直接与近三年来各地的平均粮食产量、商品量和优质稻生产等因素挂钩,并适当缩小地区间差距;对现有亩均补贴标准和补贴强度系数过低的地区,在新增资金分配上适当倾斜。2009年财政部发布的《关于进一步完善农资综合补贴动态调整机制的实施意见的通知》也提出相同的资金分配原则。

(3)补贴力度和对象。

农资综合补贴政策从2006年开始执行,当年共安排农资综合直接补贴120亿元;2007年,中央财政对种粮农民的农资综合直接补贴资金规模达到276亿元,比上年增长130%;2008年,农资综合补贴金额为716亿元,是去年的2倍多;2009年和2010年农资综合补贴金额维持为716亿元;2010年以后农资综合补贴力度逐年加强,但2013年后农资补贴资金有略微下降(表2.2)。补贴对象与粮食直接补贴政策对象类似,是惠普制,具有普遍性。

3)良种补贴

(1)补贴方式和资金兑付方式。

根据不同的地区和作物的特点,良种补贴采取现金直接补贴、招标补种等补贴方式,初步形成一套相对规范的资金发放方法。随着时间的推移,良种补贴方式不断完善。2004年发布的《农作物良种推广项目资金管理暂行办法》和《水稻良种推广补贴资金管理暂行办法》分别指出,水稻良种补贴资金实行现金直接补贴方式,按实际种植面积直接发放给种植良种水稻的农民,有市场需求的除水稻以外的粮食种子由省级农业部门和财政部门统一组织公开招标确定供种单位,然后由供种单位按照招标品种和价格,根据实际粮食种植面积向农民提供优良品种,通过供种

单位对种植农作物良种的农民进行补贴。2009年财政部发布的《中央财政农作物良种补贴资金管理办法》指出,良种补贴资金采取现金直接补贴或售价折扣补贴方式。水稻、玉米、油菜采用现金直接补贴方式,具体发放形式由各省按照简单、便民的原则自行确定;小麦、大豆、棉花采用现金直接补贴或差价购种补贴方式。采用差价购种补贴的,由省级农业、财政等部门组织良种的统一招标,中标单位实行统一供种,供种单位登记销售清册,购种农民签字确认。根据不同的良种补贴方式,良种补贴资金兑付采用不同的方式。采用现金直接补贴方式进行良种补贴的,由乡镇财政所直接向良种种植农民兑付补贴资金,有条件的地方,可通过"一卡通""一折通"等形式直接发放给农民;采取售价折扣补贴方式的,由省级财政、农业部门组织招标采购良种,中标单位实行统一供种,良种补贴实行售价折扣,购种农民按折扣价付款,供种单位登记销售折扣清册,购种农民签字确认。

(2)补贴品种和补贴范围。

2002年,国家最先开始选取黑龙江、辽宁、吉林、内蒙古为示范区,对大豆良种进行补贴。2003年,国家继续实施高油大豆良种推广补贴项目,同时开始在河北、河南、江苏、安徽和黑龙江6省实施小麦良种补贴。2004年,国家进一步加大对良种补贴的投入力度,补贴良种作物品种范围扩大到大豆、小麦、玉米和水稻四大粮食作物,涉及28个省份。2005年,国家继续实施良种推广补贴项目,进一步支持粮食主产区农民种植优质专用粮食品种,提高种粮效益。良种推广补贴项目重点安排在13个粮食主产省,兼顾非粮食主产省的粮食主产区域。2006年,补贴力度继续加大,补贴范围也扩大到包括13个粮食主产区在内的全国17个省区。2007年,启动实施了棉花和油菜良种补贴项目。2008年,国务院决定对全国4.4亿亩水稻全部实施补贴,同时提高晚稻补贴标准,按照实际种植面积进行补贴。2009年,水稻、小麦、玉米、棉花在全国实行良种补贴全覆盖,大豆在辽宁、吉林、黑龙江、内蒙古实行良种补贴全覆盖。2010年,加大良种补贴规模,扩大马铃薯补贴范围,启动青稞良种补贴,实施花生良种补贴试点。此后,水稻、小麦、玉米、棉花、大豆、油菜、青稞、花生、马铃薯等农作物良种补贴范围不断扩大。

(3)资金来源和补贴力度。

良种补贴资金主要来源于中央农业财政的专项补贴资金,粮食作物良种补贴资金的使用遵循政策公开、农民受益、合同管理、专款专用的原则。2004年,全国28个省份实施良种补贴,补贴资金达到28.5亿元;2005年,中央进一步加大良种补贴投入力度,拿出补贴资金38.7亿元;2006年,良种补贴范围继续扩大,补贴资金达到41.5亿元;2007年,良种补贴资金规模为66.6亿元,比2006年增加了25.1

亿元;2008 年,中央财政安排的良种补贴资金达到 120.7 亿元,约是前一年的 1 倍;2009 年,中央财政进一步加大农作物良种补贴力度,补贴金额达到 198.5 亿元,比 2008 年投入的良种补贴资金增长了 30% 以上;2009—2013 年,良种补贴投入力度逐年加大;2014—2015 年,良种补贴资金规模有略微下降(表 2.2)。

为了更好地认识粮食直接补贴、农资综合补贴、良种补贴政策,现将这三种主要农业补贴政策进行总结、比较。其结果如表 2.3 所示。

表 2.3 三大农业补贴政策的总结与比较

项目	粮食直接补贴	农资综合补贴	良种补贴
政策含义	国家按照一定补贴标准直接对种粮农民给予的补贴	国家为了弥补成品油等农资生产资料价格上涨对农业生产成本上升带来的不利影响,直接给予农民的补贴	政府对特定区域内购买国家规定的优质种子的农民给予的补贴
补贴对象	全国种植水稻、小麦、玉米和大豆粮食作物的种粮农民	种粮农民	生产中使用农作物良种的农民
补贴方式	以粮食实际种植播种面积、计税田亩或常产、农民出售商品粮数量三种方式为依据,进行粮食直接补贴,其中以粮食实际播种面积补贴为主	与粮食直接补贴类似,有条件的省份积极探索按实际粮食作物播种面积进行补贴,使补贴与粮食生产挂钩	现金直接补贴方式,按实际种植面积直接发放;差价购种补贴方式,由省级农业、财政等部门组织良种的统一招标,中标单位实行统一供种,供种单位登记销售清册,购种农民签字确认
补贴分配原则	向产粮大户、产粮大县倾斜	向粮食主产区倾斜的同时,进一步向粮食增产快、商品量大、优质粮食产量多的地区倾斜	坚持整体推进、品种择优、农民自愿原则
补贴兑付方式	以"一卡通"或"一折通"的形式向农户发放储蓄存折或储蓄卡	以"一卡通"或"一折通"的形式,一次性全部直接兑付给农户	现金直接补贴或差价购种补贴

2.3.3　农业补贴政策实施特征

2004 年以来,我国开始实施一系列农业补贴政策,主要目标为促进粮食生产和农民收入增加,主要方式为直接补贴,直接补贴政策包括粮食直接补贴、农资综合补贴、良种补贴和农机购置补贴等,同时以农业基础设施建设、农业技术推广、农村公共服务等一般服务支持及生态环境保护补贴和风险防范补贴政策为补充,形成广覆盖、低标准的农业补贴政策体系。从总体上来看,现阶段我国农业补贴政策呈现以下特征:

1)补贴力度加大,补贴结构趋于合理,但补贴规模不足

从表 2.2 可知,政府对农业补贴力度逐年加大。同时,补贴结构也更加注意实际效果,补贴结构由开始的粮食直接补贴占主要比重转变为农资综合补贴占主要比重,表明补贴的重心转向考虑农民种粮生产成本。通过在补贴资金与补贴对象之间建立更为直接的关系,补贴最大限度地让农民受惠,降低了农户农业经营风险和生产成本。农机购置补贴占比也逐年提高,目前其占比排在补贴中的第二位,表明补贴开始注重农业技术的推广和农业的现代化发展,农业机械化水平通过农机购置补贴得以提高,农业规模化生产得到促进。

2)补贴种类不断健全,但补贴对象多以小规模农民为主

在 2004—2016 年全国实施农业补贴政策 13 年来,考察补贴的大项与各项补贴的具体种类,可知补贴种类是逐步增加的。2004 年起,开始实行良种补贴、农机具购置补贴和粮食直接补贴,2006 年推行农资综合直接补贴,2008 年开展政策性农业保险补贴和实行测土配方施肥补贴。自此,农业一般服务支持措施的范围得以扩大,开展的农业补贴种类也不断健全,如高标准农田建设补贴资金、农民教育培训补贴、基本农田保护项目资金、农民专业合作经济组织补助资金等。补贴项目持续增加,如良种补贴最初仅包括玉米、小麦、水稻补贴,后续加入花生、棉花、马铃薯等农作物补贴;农机具购置补贴覆盖的农机种类及数量也有增加;政策性农业保险补贴已涉及棉花、油菜、水稻、繁育母猪、奶牛、森林及"两属两户"农房保险等 15 个险种。

粮食直接补贴、农资综合补贴及良种补贴的补贴对象,都明确指定为种粮农民,按照其上一年粮食实际种植面积来测算补贴标准。中国现行农业补贴政策是以户为单位的传统农地经营主体为基础制定的。现行的农业补贴政策体系中,主要对小规模经营的农民进行补贴,但对包括种粮大户、家庭农场、农民合作社、农业

社会化服务组织等四类农业新型经营主体在内的适度规模生产经营者,补贴力度偏小。而现阶段农业经营主体规模化,在家庭承包经营基础上,逐步形成以专业大户、家庭农场、农民合作社、农业社会化服务组织为骨干的新型经营方式。

3)政策执行成本高,政策制定与执行存在偏差

粮食直接补贴、农资综合补贴、良种补贴等与粮食种植面积相关联的补贴发放程序:首先,由各行政村村民居委会摸底查清本村粮户实际粮食种植面积后,根据实际情况填报清册,在村内张榜公布公开;在公布期间无异议后,上报乡镇政府,乡镇农业部门和乡镇财政所核实后逐级上报批准;再由代发金融机构发放到"一卡通"或"一折通"中。这个过程步骤烦琐,工作环节较多,需要较多的人力物力,同时还涉及包括农发行、财政部门、粮食部门、农业部门等在内的多个单位。然而,这里面并无专门的中间协调管理负责机构,导致补贴工作费力、费时,工作量与执行成本也有所增大。不同类别的补贴是分阶段、分项目发放给农户的,执行时间不统一,提高了成本。

粮食直接补贴和农资综合补贴的对象应该是实际种粮的农民,目的是激发农民种粮积极性,进而促进粮食生产发展。然而在实际操作中,有些地方无论是否种粮农民都能获得补贴;还有些地方核定补贴标准为农民承包的集体土地面积,但出于种种原因,农民通过转租、转包、土地入股等形式造成土地流转,按照承包土地面积补贴受益的是原土地承包者,但真正从事农业生产的经营者事实上并不能享受农资增支补贴,这导致生产主体与受益主体"脱钩",种粮农民积极性在一定程度上遭受挫败,降低补贴政策扶持效果。同时,由于农民实际粮食种植面积与享受补贴面积并不匹配,漏补、少补现象存在,因此未能充分发挥政策引导效应(李莎莎,2016)。

农业生产受自然资源和市场需求的共同影响,决定了农业补贴具有极强的时效性,需要及时足额发放。一方面,有些补贴项目发放渠道长、发放环节多,导致缓拨、滞拨资金的现象出现;另一方面,有个别地区使用补贴不规范,出现挤占、挪用补贴等现象,从而使得农业补贴政策实施效果受到影响。

4)补贴缺乏长期的激励效应

现行的农业补贴政策具有一定的诱惑性,但难以长期调动农民生产的积极性,缺乏长期激励效应。财政部经济建设司(2007)发现,在粮食直接补贴政策实施的第一年,补贴从无到有,农业补贴政策的严格实施可以调动农民种粮的积极性,此

时的政策效应最大。但当补贴稳定并变成农民相对稳定的收益之后,补贴政策的边际效应随即呈现出递减的态势。

现行农业补贴中用于农业生产的补贴较多,用于加快农业结构调整、促进农业社会转型的补贴较少。实施生产性农业补贴政策,虽然在短期内对农业产出具有推动作用,但从长期来看,影响效果基本趋近于零。一方面,农业补贴对生产的补贴可以刺激农民加大粮食作物播种面积,但这种刺激随着城镇化进程的加快逐步减弱,缺乏持续性(番绍立,2016)。由于现在工资性收入占农民收入占比越来越重,一部分已离开农村多年进城务工的土地承包经营权所有者和在城市边打工边观望的农民,其回乡种田的收益并没有他们在城市打工所获得收入多,给予的补贴分摊到每个人身上的数额太少,并不能有效地引导这些在外打工者回流到农业生产中(李莎莎,2016)。另一方面,农业补贴虽在执行初期可以鼓励农民增加粮食作物播种面积,但在执行后期会出现补贴与粮食生产脱钩的现象,进而演变成农民的收入补贴,导致农业本土政策效应弱化、政策效能逐步减小。

现阶段,我国的农业补贴政策种类繁多,并且每项政策的出台都是基于当时特定的社会需求和财政收支状况,这导致政策措施的应急性、尝试性、权宜性特征突出,政策体系的集合性强,但对整体目标性和长远战略关注不够,农业补贴不具备长期效应(蔡海龙,2017)。

2.4　本章小结

本章主要是针对农业补贴政策的基本概念、实施农业补贴政策的理论依据及农业补贴政策演变历程与实施现状进行阐述的。首先,界定了农业补贴政策的概念,同时对农业补贴政策分类及其特征进行了分析,从而明确了农业补贴政策的含义。其次,在明晰概念的基础上,从农业的准公共产品属性、农业的基础性地位、农业弱质产业扶持理论阐述了我国应该实行农业补贴政策的原因。最后,系统梳理我国农业补贴政策的演化历程,并对现行我国三大农业直接补贴政策的实施现状进行分析。本章为本书的下一步研究奠定了基础。

3 农业补贴政策经济效应理论分析框架

本章旨在构建农业补贴政策经济效应的理论研究框架。此研究框架主要借鉴西方经济学中的生产者行为理论与消费者行为理论,为后文的研究提供了理论分析框架与可验证的研究命题。

3.1 概念界定与假设

本书首先对文章中出现的几个名词进行界定。

定义1(等成本线):等成本线,是指在种植粮食作物和经济作物的单位播种面积成本 c_1 和 c_2 已知,以及农户农业预算支出 I 既定的条件下,能够投入的两种农作物播种面积的不同数量组合 (x_1, x_2)。

定义2(等利润线):等利润线,是能够给农户带来同样收益的种植粮食作物和经济作物的两种播种面积的不同投入组合。

不失一般性,为便于分析,本书首先提出如下假设与定义:

假定1(农户面临的决策问题假设):农户种植两种农作物——粮食作物(农业补贴作物)和经济作物(非农业补贴作物),面临的决策是,在农业预算支出 I、粮食作物与经济作物单位播种面积成本既定条件下,选择粮食作物与经济作物的播种面积,使得总利润最大化。

假定2(等利润线凸型曲线假设):考虑到现实农业生产中,农户为避免种植单一化所带来的风险,通常生产多种作物分散风险(钟甫宁 等,2006;黄季焜 等,2009),因此考虑了此风险的粮食作物与经济作物所构成的等利润线呈凸型曲线,两者之间存在可替代性,但边际替代率递减。

假定3(可加总性假设):微观上,农户在粮食作物与经济作物之间的增减,存在可加总性。如果所有微观农户都增加粮食作物的播种面积,则在县域范围内粮

食作物播种面积也是增加的,反之亦然。

3.2 基准均衡

3.2.1 等成本线

根据定义1,等成本线是指在种植粮食作物和经济作物的单位播种面积成本 c_1 和 c_2 已知,以及农户农业预算支出 I 既定的条件下,能够投入的两种播种面积的不同数量组合 (x_1, x_2)。

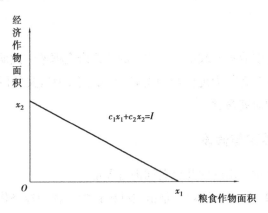

图3.1 等成本线

故等成本线(图3.1)的方程形式为:

$$c_1 x_1 + c_2 x_2 = I$$

其中,I 为收入,x_1 和 x_2 分别为粮食作物和经济作物的播种面积,$c_1 x_1$ 是农户种植粮食作物的成本总额,$c_2 x_2$ 是农户种植经济作物的成本总额。农户的等成本线要求投入在这两种产品的成本总额等于农户的农业预算支出。

3.2.2 等利润线

根据定义2和假定2,等利润线是能够给农户带来同样收益的种植粮食作物和经济作物的两种播种面积的不同投入组合。

故等利润线(图3.2)的方程形式为:

$$\pi(x_1, x_2)$$

其中,x_1 和 x_2 分别为农户投入种植粮食作物和经济作物的播种面积;π 为利润。

3.2.3 农户均衡

农户均衡是研究单个农户如何把有限的农业预算支出分配在各种产品的投入中,以获得最大利润。农户的均衡条件为:

$$c_1 x_1 + c_2 x_2 = I \tag{3.1}$$

$$\frac{M\pi_1}{c_1} = \frac{M\pi_2}{c_2} = \gamma \tag{3.2}$$

式(3.1)表示农户的等成本线,即在农户收入 I,以及两种农作物成本 c_1 和 c_2 已知的条件下,农户能够投入的两种产品耕种面积的不同数量组合,农业预算支出分配完毕。

式(3.2)表示农户投入在最后一单位耕种面积粮食作物和经济作物所获得的收益相同,都等于 γ。

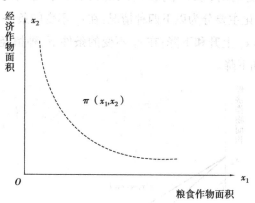

图3.2 等利润线

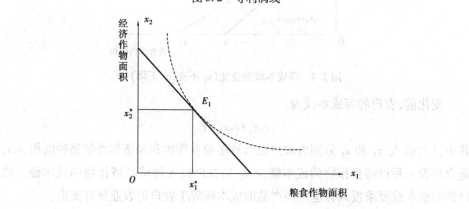

图3.3 农户最优状态

将上述两个式子联立求解,便可得到农户均衡条件为 $\dfrac{M\pi_1}{M\pi_2}=\dfrac{c_1}{c_2}$。

如图3.3所示,农户的最优选择或效用最大化点在等利润曲线和预算线的切点 $E_1(x_1^*,x_2^*)$;均衡条件下,农户的粮食作物播种面积为 x_1^*。

3.3 农业补贴政策下的均衡Ⅰ:成本类政策

本节讨论成本类农业补贴政策的效应。

3.3.1 等成本线的变动

一般而言,成本类农业补贴政策是通过政府根据农户单位播种面积的数量发放一定数额的补贴,来影响农户对农作物的播种面积的单位成本情况。

当成本发生变动时,农户能够投入的两种产品数量组合也会发生变化(图3.4)。这种变化主要分为以下四种情况:在 c_2 不变的条件下,种植粮食作物的单位播种面积成本 c_1 上升和下降;在 c_1 不变的条件下,种植经济作物的单位播种面积成本 c_2 上升和下降。

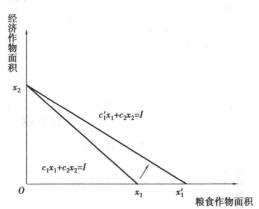

图3.4 等成本线的变化(c_2 不变,c_1 下降)

变化前,农户的等成本线为:

$$c_1x_1+c_2x_2=I$$

其中,I 为收入,x_1 和 x_2 分别为农户投入种植粮食作物和经济作物的播种面积,c_1x_1 是农户投入种植粮食作物的成本额,c_2x_2 是农户投入种植经济作物的成本额。农户的等成本线要求投入在这两种产品的成本额等于农户的农业预算支出。

等成本线与经济作物种植面积(纵轴)交于 x_2 点,纵截距为 I/c_2;与粮食作物种植面积(横轴)交于 x_1 点,横截距为 I/c_1;其斜率为 $-c_1/c_2$。等成本线及其左下方部分为农户能够投入的两种农作物播种面积的所有数量组合(x_1,x_2)。

通常情况下,政府实行成本类补贴政策,主要作用是定向地降低农户的被补贴农作物单位播种面积投入成本,激发农户种植积极性。故这节以在c_2不变的条件下,种植粮食作物的单位播种面积成本c_1下降为例,来说明成本类补贴政策对农户生产行为及等成本线的影响。

这种影响即种植粮食作物的单位播种面积成本下降后,农户投入的种植粮食作物的播种面积增加,其等成本线为:

$$c_1'x_1+c_2x_2=I$$

其中,$c_1'<c_1$,等成本线以x_2为轴点,向右上方移动,与粮食作物种植面积(横轴)交于x_1'点,横截距为I/c_1';与经济作物种植面积(纵轴)交于x_2点,纵截距为I/c_2;其斜率变化为$-c_1'/c_2$。等成本线及其左下方部分为农户能够投入两种农作物播种面积的所有数量组合(x_1,x_2)。

3.3.2 等利润线

在国家执行成本类农业补贴政策的情形下,等利润线不变(图3.5)。

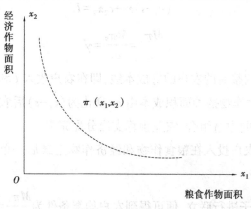

图3.5 等利润线

3.3.3 成本类政策下的新均衡

农户均衡用来研究单个农户如何把有限的农业预算支出分配在各种产品的投入中,从而获得最大利润。

下面以在经济作物的单位播种面积成本c_2不变的条件下,粮食作物的单位播种面积成本c_1下降情况为例进行说明(图3.6)。

假定粮食作物x_1和经济作物x_2对成本敏感。初始的等利润线π_1和等成本线

$c_1x_1+c_2x_2=I$ 相切于 E_1 点 (x_1^1,x_2^1) ，随着粮食作物的单位播种面积成本 c_1 下降，预算线 $c_1'x_1+c_2x_2=I$、$c_1''x_1+c_2x_2=I$ 分别与等利润线 π_2 和 π_3 切于 E_2 点 (x_1^2,x_2^2) 和 E_3 点 (x_1^3,x_2^3) ，将均衡点 E_1、E_2、E_3 连接起来，表现出一条向右上方倾斜的曲线。

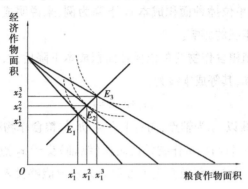

图 3.6　农户均衡条件 $(c_2$ 不变, c_1 下降)

1）农户的均衡条件数学推导

$$(c_1-s)x_1+c_2x_2=I \tag{3.3}$$

$$\frac{M\pi_1}{c_1}=\frac{M\pi_2}{c_2}=\gamma \tag{3.4}$$

式(3.3)表示调整后的农户的等成本线，即在农户收入 I 和两种产品成本已知的条件下，单位粮食作物播种面积成本由 c_1 变化为 (c_1-s) 后农户能够投入的两种产品耕种面积的不同数量组合，农业预算支出分配完毕。

式(3.4)表示农户投入在粮食作物和经济作物上最后一单位耕种面积所获得收益相同，都等于 γ 。

将上述两个式子进行联立，便可得到农户均衡条件为 $\dfrac{M\pi_1}{M\pi_2}=\dfrac{c_1-s}{c_2}$ 。

2）农户的均衡条件图形解析

初始的等利润线 π_1 和等成本线 $c_1x_1+c_2x_2=I$ 相切于 E_1 点 (x_1^1,x_2^1) （图3.7）。

随着粮食作物的单位播种面积成本 c_1 下降，农户增加粮食作物播种面积投入，使初始等成本线以点 x_2 为轴心向右上方移动，与 x 轴形成新的交点 x_1''，纵截距不变(种植经济作物的单位土地耕种面积成本 c_2 不变)；横截距增大，由 I/c_1 变化为 $I/(c_1-s)$ ；斜率变小并由 $-c_1/c_2$ 变化为 $-(c_1-s)/c_2$ ；新的等成本线 $(c_1-s)x_1+c_2x_2=$

I 与等利润线 π_2 切于 E_2 点 (x_1^2, x_2^2)。

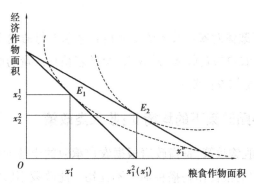

图 3.7 挂钩状态的农户均衡

3) 新均衡与基准均衡的比较

$x_1^2 > x_1^1$，表示在种植经济作物的单位土地耕种面积成本 c_2 不变的条件下，由于粮食作物的单位播种面积成本 c_1 下降，农户增加粮食作物播种面积投入，使初始等成本线与 x 轴的交点 x_1^1 变为 x_1^2，粮食作物播种面积增大。x_2^2 与 x_2^1 之间变化不确定，理论认为，由于等利润线的形状不同，带来的 x_2^2 可能大于、小于或等于 x_2^1。但在本节分析情况下，$x_2^2 < x_2^1$ 表示农户在增加粮食作物播种面积时，将其中投入经济作物的播种面积中的一部分收入用于种植粮食作物，使种植经济作物的播种面积减少。

另外，新的均衡点 E_2 点 (x_1^2, x_2^2) 在更高的等利润线 π_2 上，即农户通过投入两种农作物的一定数量组合后，获得比原先更多的利润，表明成本类补贴政策单一地降低粮食作物的单位耕种面积成本，激励农户扩大粮食作物播种面积；同时，在其他条件不变的情况下，粮食产量会随着粮食作物播种面积的增加而增加，也将提高农户收入水平。

4) 成本类政策下的命题

根据以上分析，本书提出成本类政策（降低成本）下的命题：

命题 1（成本类政策对粮食作物播种面积的影响）：粮食作物成本类农业补贴政策，其补贴资金将定向降低粮食生产成本，提高粮食的比较收益，在其他条件不变情况下，这将激励农户扩大粮食作物播种面积。

命题 2（成本类政策对粮食产量的影响）：若命题 1 成立，则在粮食单产不降低

情况下①,粮食产量会随着粮食作物播种面积的增加而增加,即粮食作物成本类政策将提高粮食产量。

命题3(成本类政策对农户收入的影响):若命题1与命题2成立,则在粮食单价不降低情况下②,农户粮食收入(总收入)会随着粮食产量的增加而增加,即粮食作物成本类政策将增加农民收入。

3.4 农业补贴政策下的均衡Ⅱ:收入类政策

收入类政策即脱钩政策,是指政府根据农户承包的土地面积或者户口进行的一次性补贴,与农户的粮食作物播种面积不挂钩。此政策不影响农作物播种的投入成本,影响的是农户农业预算总支出。

3.4.1 等成本线的变动

在脱钩政策条件下,即政府通过对农户粮食作物播种面积一次性补贴,减少粮食生产总播种面积成本,使农户加大对粮食单位粮食作物播种面积的投入,故等成本线变化为:

$$c_1 x_1 + c_2 x_2 = I + T$$

即农户收入由原先的 I 增加为 $I+T$,收入增加总数为 T。

它将改变原先的等成本线位置(图3.8),原始等成本线与横轴交于 x_1',与纵轴交于 x_2',在种植粮食作物和经济作物的单位播种面积成本 c_1 和 c_2 已知的条件下,斜率不变,仍为 $-c_1/c_2$;横截距增大,由原先的 I/c_1 变化为 $(I+T)/c_1$;纵截距增大,由原先的 I/c_2 变化为 $(I+T)/c_2$。表现为初始等成本线向右上方平移,与 x 轴(粮食作物播种面积)和 y 轴(经济作物播种面积)形成新的交点 x_1'' 和 x_2'',并与等利润线 π_2 相切,切点(均衡点) E_2 为 (x_1^2, x_2^2)。

当收入发生变动时,农户能够投入的两种农作物耕种面积数量组合也会发生变化。变化主要分为以下两种情况:收入增加和减少。收入增加会影响等成本线的截距项,不会影响斜率。

变化前,农户的等成本线为:

---

① 由于农业装备技术不断进步,农药、化肥、种子等投入品质的提升,在未遭遇自然灾害情况下,粮食单产不降低是符合实际情况的。统计数据也表明中国粮食单产呈现明显的上升趋势,此假设基本符合实际情况。下文将沿用此假设。

② 国家为了保障粮食安全,保证农户种粮积极性,实施了粮食最低收购价政策,绝大部分年份里,粮食单价均呈上涨趋势,极少数年份粮食单价下降。此假设基本符合实际情况。下文将沿用此假设。

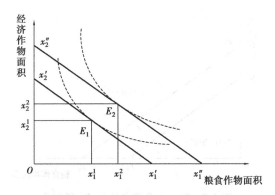

图 3.8 收入上升导致均衡点的变化

$$c_1x_1+c_2x_2=I$$

其中,I 为收入,x_1 和 x_2 分别为农户投入种植粮食作物和经济作物的播种面积,c_1x_1 是农户投入种植粮食作物的成本数,c_2x_2 是农户投入种植经济作物的成本数。农户的等成本线要求投入在这两种产品的成本数等于农户收入。

等成本线与经济作物种植面积(纵轴)交于 x_2 点,纵截距为 I/c_2,与粮食作物种植面积(横轴)交于 x_1 点,横截距为 I/c_1,其斜率为 $-c_1/c_2$,等成本线及其左下方部分为农户能够投入两种产品播种面积的所有数量组合 (x_1, x_2)。

通常情况下,政府实行收入类补贴政策,主要作用是增加农业预算总支出,间接提高粮食作物播种面积。故这节以收入增加情况为例,来说明收入类补贴政策对农户生产行为及等成本线的影响。

变化后,农户收入增加,投入两种产品的数量也会增加,斜率不变,其等成本线为(图 3.9):

$$c_1x_1+c_2x_2=I'$$

其中,$I'>I$,等成本线向右上方平移,与经济作物种植面积(纵轴)交于 x_2' 点,纵截距为 I'/c_2;与粮食作物种植面积(横轴)交于 x_1' 点,横截距为 I'/c_1;其斜率为 $-c_1/c_2$。等成本线及其左下方部分为农户能够投入两种产品播种面积的所有数量组合 (x_1, x_2)。

3.4.2 等利润线

收入类政策下,等利润线也未发生变化(图 3.10)。

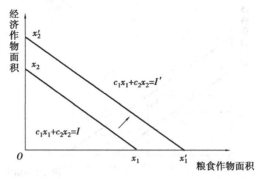

图3.9 收入上升带来的等成本线变化

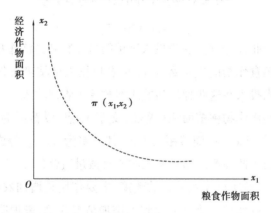

图3.10 等利润线

3.4.3 收入类政策下的新均衡

1）农户均衡条件的数学推导

$$c_1 x_1 + c_2 x_2 = I + T \tag{3.5}$$

$$\frac{M\pi_1}{c_1} = \frac{M\pi_2}{c_2} = \gamma \tag{3.6}$$

式（3.5）表示调整后的农户的等成本线，即在农户收入 I 增加和两种产品成本已知的条件下，农户能够投入的两种农作物耕种面积的不同数量组合，农业预算支出分配完毕。

式（3.6）表示农户投入在粮食作物和经济作物上最后一单位耕种面积所获得收益相同，且都等于 γ。

将上述两个式子进行联立，便可得到消费者均衡条件为 $\dfrac{M\pi_1}{M\pi_2} = \dfrac{c_1}{c_2}$。

2）农户均衡条件的图形解析

由于收入类补贴政策的实施,农户收入增加,使农户能够投入更多资金来扩大粮食作物和经济作物的生产,但这里产生了农户的生产选择问题。若经济作物相较于粮食作物的边际收益较高,那么农户必然选择种植经济作物;若粮食作物相较于经济作物的边际收益较高,那么农户必然投入更多资源用于种植粮食作物;只有当粮食作物和经济作物的边际收益相等时,才可实现均衡,此时农户获得最大利润。

假定在生产过程的起始阶段,经济作物和粮食作物均为正常物品,农户投入一单位粮食作物和经济作物播种面积所带来的边际收益增加。在一定阶段后,在经济作物和粮食作物中,一种作物成为低档物品,而另一种作物仍为正常物品,即随着农户投入持续扩大,农户投入一单位粮食作物播种面积所带来的边际收益递减,而另一种作物的边际收益增加。

首先来看,在生产起始阶段,经济作物和粮食作物均为正常物品,农户投入一单位粮食作物的经济作物播种面积所带来的边际收益增加。在此情况下,农户根据自身生产经营状况选择分别种植多少比例的经济作物和粮食作物。

初始的等利润线 π_1 和等成本线 $c_1 x_1 + c_2 x_2 = I + T$ 相切于 E_1 点 (x_1^1, x_2^1),如图 3.11 所示。

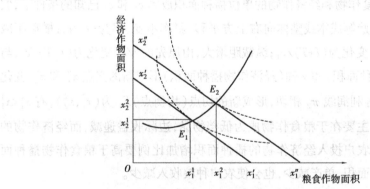

图 3.11　起始阶段的农户均衡

随着农户收入由原先的 I 增加为 $I+T$,原始等成本线与横轴交于 x_1',与纵轴交于 x_2'。在种植粮食作物和经济作物的单位播种面积成本 c_1 和 c_2 已知的条件下,农户增加粮食作物和经济作物播种面积的投入,使初始等成本线整体向右上方平移,斜率不变,仍为 $-c_1/c_2$;横截距增大,由原先的 I/c_1 变化为 $(I+T)/c_1$;纵截距增大,由原先的 I/c_2 变化为 $(I+T)/c_2$;与 x 轴(粮食作物播种面积)和 y 轴(经济作物播种面积)形成新的交点 x_1'' 和 x_2'',并与等利润线 π_2 相切,切点(均衡点)E_2 为 (x_1^2, x_2^2)。

其次来看,在一定阶段后,在经济作物和粮食作物中,一种作物成为低档物品,而另一种作物仍为正常物品,即随着农户投入持续扩大,农户投入一单位粮食作物播种面积所带来的边际收益递减,而另一种作物的边际收益增加。该小节以粮食作物的边际收益递减,而经济作物的边际效益仍在增加的情况为例进行说明(图3.12)。

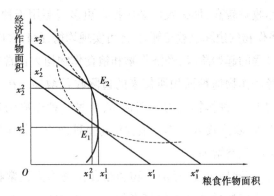

图 3.12 某种作物投入增大的农户均衡

初始的等利润线 π_1 和等成本线 $c_1 x_1 + c_2 x_2 = I + T$,相切于 E_1 点 (x_1^1, x_2^1)。

随着农户收入由原先的 I 增加为 $I+T$,原始等成本线与横轴交于 x_1',与纵轴交于 x_2'。在种植粮食作物和经济作物的单位播种面积成本 c_1 和 c_2 已知的条件下,农户收入增加,使初始等成本线整体向右上方平移,斜率不变,仍为 $-c_1/c_2$;横截距减少,由原先的 I/c_1 变化为 $(I+T)/c_1$;纵截距增大,由原先的 I/c_2 变化为 $(I+T)/c_2$;与 x 轴(粮食作物播种面积)和 y 轴(经济作物播种面积)形成新的交点 x_1'' 和 x_2'',变化后的等成本线与等利润线 π_2 相切,形成新的切点(均衡点)E_2 为 (x_1^2, x_2^2),有 $x_1^2 < x_1^1$ 和 $x_2^2 > x_2^1$。其原因主要在于粮食作物成为低档物品,边际收益递减,而经济作物的边际收益递增,故农户投入经济作物的播种面积增加比例要高于粮食作物播种面积,粮食作物播种面积、单产减少,也会使农户种粮收入减少。

3)新均衡与基准均衡的比较

$x_1^2 > x_1^1$,表示在种植粮食作物和经济作物的单位播种面积成本 c_1 和 c_2 已知的条件下,农户收入由原先的 I 增加为 $I+T$,农户增加粮食作物和经济作物播种面积投入,使初始等成本线与 x 轴的交点 x_1^1 变为 x_1^2,粮食作物播种面积增大。

x_2^2 与 x_2^1 之间变化不确定,理论认为,由于等利润线的形状不同,带来的 x_2^2 可能大于、小于或等于 x_2^1。但在本节分析情况下,$x_2^2 > x_2^1$ 表示农户在增加粮食作物播种面积时,将其中一部分的收入投入经济作物的播种面积中,使种植经济作物的播种面积增大。

另外,新的均衡点 E_2 点(x_1^2,x_2^2)在更高的等利润线 π_2 上,即农户通过投入两种农作物的一定数量组合后,获得比原先更多的利润,表明收入类补贴政策间接减少两种农作物的耕种面积成本,激励农户扩大播种面积;同时,在其他条件不变的情况下,将会提高农户收入水平。但限于粮食作物和经济作物的比较收益不一致,故粮食作物的播种面积、粮食产量和农户收入存在不确定性。

4)收入类政策下的命题

根据以上分析,本书提出收入类政策(增加收入)下的命题:

命题 4(收入类政策对粮食作物播种面积的影响):收入类政策能否激励农户扩大粮食作物播种面积存在不确定性,这取决于粮食作物与其他农作物的比较收益。如果前者的比较收益高,则粮食作物播种面积将增加;如果前者的比较收益低,则粮食作物播种面积将减少;如果两者的比较收益一致,则粮食作物播种面积不变。

命题 5(收入类政策对粮食产量的影响):若命题 4 成立,在单产不降低的情况下,收入类政策对粮食产量的影响也存在不确定性,这取决于粮食作物播种面积的变化方向。如果播种面积增加,则粮食增产;如果播种面积减少,则粮食减产;如果播种面积不变,则粮食产量不变。

命题 6(收入类政策对农户收入的影响):一方面,收入类政策具有直接增加农户总收入的直接效应;另一方面,收入类政策具有改变农产品种植结构的间接效应。若命题 4 与命题 5 成立,则在粮食单价不降低的情况下,收入类政策对粮食收入的影响也存在不确定性,这取决于粮食产量的变化方向。如果播种面积增加,则粮食收入增加;如果粮食产量减少,则粮食收入减少;如果粮食产量不变,则粮食收入不变。综合考虑收入类政策的直接效应和间接效应,该政策增加农户总收入是大概率事件。

3.5　农业补贴政策下的均衡Ⅲ:技术改进类政策

技术发生变化,使农户投入粮食作物和经济作物的播种面积效率发生变化,表现为等利润线的形状(斜率)发生改变。

3.5.1　等成本线

技术改进类(良种补贴、农村基础设施建设等)政策不改变等成本线(图 3.13)。

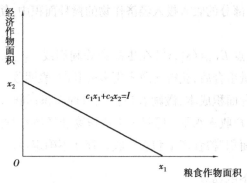

图 3.13　等成本线

故等成本线的方程形式为：

$$c_1 x_1 + c_2 x_2 = I$$

其中，I 为收入，x_1 和 x_2 分别为粮食作物和经济作物的播种面积，$c_1 x_1$ 是农户种植粮食作物的成本总额，$c_2 x_2$ 是农户种植经济作物的成本总额。农户的等成本线要求投入在这两种产品中的成本总额等于农户的农业预算支出。

3.5.2　等利润线的变动

在技术改进条件下，即农户投入种植粮食作物和经济作物的播种面积效率提高，等利润线形状发生改变。

等利润线是能够给农户带来同样收益的种植粮食作物和经济作物的两种播种面积的不同投入组合。

同时引入技术因素，假定等利润线的方程形式为：

$$\pi(x_1, x_2) = A x_1^{\alpha} x_2^{\beta}$$

其中，x_1 和 x_2 分别为农户投入种植粮食作物和经济作物的播种面积，π 为收益，A 为生产效率（表示技术因素），x_1 和 x_2 的指数 α 和 β 之和为 1。

通过引入技术因素 A，等利润线的形状和斜率发生改变，能够表示出技术变化对农户播种面积投入的影响。

它将改变原先的等利润线位置（图 3.14），在种植粮食作物和经济作物的单位播种面积成本 c_1 和 c_2 已知与农户收入 I 不变的条件下，等成本线的斜率不变，仍为 $-c_1/c_2$，横截距和纵截距不变，分别为 I/c_1 和 I/c_2；初始的等利润线 π_1 和等成本线 $c_1 x_1 + c_2 x_2 = I$，相切于 E_1 点 (x_1^1, x_2^1)。现在技术改进，即 A 发生变化，使等利润线形状发生改变，斜率发生变化，即新的等利润线 $\pi(x_1, x_2) = A x_1^{\alpha} x_1^{\beta}$ 与初始等成本线 $c_1 x_1 + c_2 x_2 = I$ 相切，切点 E_2（均衡点）为 (x_1^2, x_2^2)。

3.5.3 技术改进类政策下的新均衡

1)农户均衡条件的数学推导

$$c_1 x_1 + c_2 x_2 = I \tag{3.7}$$

$$\frac{M\pi_1}{c_1} = \frac{M\pi_2}{c_2} = \gamma \tag{3.8}$$

式(3.7)表示在农户收入 I 增加和两种产品成本已知的条件下,农户能够投入的两种产品耕种面积的不同数量组合,农业预算支出分配完毕。

式(3.8)表示农户投入在最后一单位耕种面积粮食作物和经济作物所获得收益相同,都等于 γ。

将上述两式进行联立,便可得到消费者均衡条件为 $\dfrac{M\pi_1}{M\pi_2} = \dfrac{c_1}{c_2}$。

2)农户的均衡条件图形解析

初始的等利润线 π_1 和等成本线 $c_1 x_1 + c_2 x_2 = I$,相切于 E_1 点 (x_1^1, x_2^1)(图3.14)。

在种植粮食作物和经济作物的单位播种面积成本 c_1 和 c_2 已知与农户收入不变的条件下,等成本线的斜率不变,仍为 $-c_1/c_2$,横截距和纵截距不变,分别为 I/c_1 和 I/c_2。现在技术改进,即 A 发生变化(斜率变化),使等利润线形状发生改变,新的等利润线 $\pi(x_1, x_2) = A x_1^\alpha x_1^\beta$ 与初始等成本线 $c_1 x_1 + c_2 x_2 = I$ 相切,切点 E_2(均衡点)为 (x_1^2, x_2^2)。

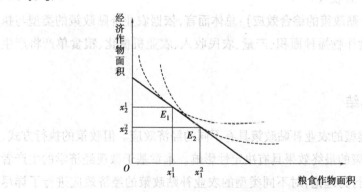

图3.14 技术改进状态的农户均衡

3) 新均衡与基准均衡的比较

$x_1^2 > x_1^1$，表示在种植粮食作物和经济作物的单位播种面积成本 c_1 和 c_2 已知的条件下，由于技术因素发生改变，等利润线的形状也发生变化，农户调整粮食作物和经济作物播种面积投入，使初始等成本线与 x 轴的交点由 x_1^1 变为 x_1^2，粮食作物播种面积增大。

x_2^2 与 x_2^1 之间变化不确定，理论认为，由于等利润线的形状不同，带来的 x_2^2 可能大于、小于或等于 x_2^1。但在本节分析的情况下，$x_2^2 < x_2^1$ 表示农户在增加粮食作物的播种面积时，减少投入经济作物的播种面积成本，使种植经济作物的播种面积减小。

另外，新的均衡点 E_2 点 (x_1^2, x_2^2) 在更高的等利润线 π_2 上，即农户通过投入两种农作物的一定数量组合后，获得比原先更大的利润，表明技术改进类补贴政策不一定能够提高粮食作物播种面积，但能够增加粮食作物单产。

4) 技术改进类政策下的命题

根据以上分析，本书提出技术改进类政策下的命题：

命题7(技术改进类政策对粮食单产的影响)：技术改进类政策提高了粮食生产技术和效率，在其他条件相同情况下，技术改进类政策将提高粮食单产。

命题8(技术改进类政策对农户收入的影响)：若命题7成立，即技术改进类政策提高了粮食单产，在粮食单价不下降的情况下，技术改进类政策将增加农户粮食收入，也会提高农户总收入。

命题9(农业补贴政策的综合效应)：总体而言，依据农业补贴政策的类型与执行情况不同，对粮食作物播种面积、产量、农民收入、农业机械化、粮食单产将产生不同的影响。

3.6　本章小结

理论上，不同类型的农业补贴政策具有不同的经济效应。但政策的执行方式、方法对农业补贴政策的最终效果具有决定性影响。本章基于微观经济学的生产者行为理论与消费者行为理论，对不同类型的农业补贴政策的经济效应进行了详尽的理论分析。具体结果如表3.1所示。

表 3.1 农业补贴政策经济效应的理论分析总结(理论命题)

		粮食作物播种面积	粮食产量	农民收入	农业机械化	粮食单产
成本类政策	粮食直接补贴政策(挂钩)	+	+	+		
	农资综合补贴政策(挂钩)	+	+	+		
收入类政策	粮食直接补贴政策(脱钩)	不确定	不确定	+		
	农资综合补贴政策(脱钩)	不确定	不确定	+	+	
	技术进步类政策(脱钩)	不确定	不确定	+	+	
技术进步类政策(挂钩)						+
总效应		不确定	不确定	+	+	+

4 粮食直接补贴政策经济效应分析

4.1 政策实践与研究假说

4.1.1 政策实践

粮食直接补贴政策是在深化改革粮食流通体制的基础之上逐步建立起来的，目标是确保农民直接收益，调动农民的种粮积极性，提高农民收入，保障国家粮食安全。

湖北省的粮食直补工作从 2004 年开始，以水稻补贴为主，兼顾小麦、玉米等粮食作物。补贴对象既有农户，也包括国有农场、农垦企业等粮食生产者[①]。

2004 年，湖北省在全省范围内全面推广粮食直补制度，粮食直补机制正式确立。2004 年，湖北共有 95 个县（市、区）和农场享受国家粮食直补政策，其中按计税面积补贴的有 54 个，按计税常产补贴的有 16 个，按种植面积补贴的有 6 个；全省粮食直补资金总规模为 5.66 亿元，其中 1.35 亿元来自省级粮食风险基金，4.31亿元来自中央和省对县（市、区）包干补助的粮食风险基金，首批粮食直补资金占全年资金规模的 53.5%[②]。根据湖北省政府《关于对种粮农民实行直接补贴有关问题的补充通知》（鄂政电〔2004〕3 号）规定，"粮食直接补贴政策必须坚持以计税面积或计税常产为基础，以粮食实际种植面积为依据"。各地认真贯彻落实粮食直补政策，成效显著。

自 2005 年到现在，湖北省出台的《粮食直补和农资综合直补工作的实施意见》

---

① 鄂财商发〔2006〕5 号《关于进一步完善对种粮农民直接补贴政策的意见》。
② 新华社，湖北开始实行粮食直补工作周报制度。见 cqagri.gov.cn 网站。

都规定,农资综合直补和粮食直补"以农户上年度粮食实际种植面积"为发放依据,避开 2004 年提出的"以计税面积或计税常产为基础"的要求。

为进一步贯彻落实党的十六届五中全会关于提升农民种粮积极性、保障粮食综合生产能力、促进粮食生产,推动粮食直补政策的深入落实和贯彻的精神,2006 年,湖北省在保持粮食直补政策稳定的基础上,依据财政部、国家发展改革委、农业部、国家粮食局(现国家粮食和物资储备局)和中国农业发展银行在 2005 年印发的《关于进一步完善对种粮农民直接补贴政策的意见》的通知精神,对粮食直补的具体办法进行了适当调整,即"大稳定、小调整"(鄂财商发〔2006〕5 号《关于进一步完善对种粮农民直接补贴政策的意见》)。具体内容如下:首先,做到"五统一",即统一补贴范围、统一补贴品种、统一补贴标准、统一补贴时限、统一发放程序的要求,将粮食直补资金落实到种粮农民手中。补贴的面积按照上一年即 2005 年的确定,同时核实该年的粮食实际种植面积。首先,做好农户到村(组)、村(组)到乡(镇)、乡(镇)到县(市、区)的粮食实际种植面积的基本数据统计、核实、汇总和"湖北农民粮食补贴'一折通'工程信息管理系统"登录等一系列工作,并以村(组)为单位张榜公布,接受群众监督。其次,提高补贴的亩均标准,针对入选中央与省财政奖励的 53 个产粮大县(市、区),由原来亩均不足 11 元的补贴标准增至 11 元;对入选中央与省财政奖励的县(市、区),由原来亩均不足 6 元的补贴标准增至 6 元。最后,水稻主产县(市、区)新增粮食直补资金,用于鼓励和引导农民种植优质水稻,扩大优质稻的种植面积,并且做到严格执行政策。财政与税改办都按照《省财政厅省税改办关于印发湖北省对农民补贴的财政资金发放管理暂行办法的通知》(鄂财商发〔2005〕40 号)的相关规定,真正做到职责分工、责任到人。其中,农业部门负责会同财政部门核实统计农户的种植面积,协同计划部门制订年度粮食增产指导性计划;农业发展银行负责粮食直补资金的专户管理,依据财政部门的通知及时拨付资金;有关金融机构负责配合财政部门搞好补贴资金的社会化发放工作;各级税改、财政、监察、审计部门加强对粮食直补资金拨付和发放情况的监督检查力度,省财政厅与省税改办同时设置粮食直补监督的举报电话,加大监管力度。

2008 年,省政府为了保护种粮农民利益,促进粮食生产,增加农民收入,决定继续对全省种粮农民实行粮食直补政策。2008 年直补品种在原则上与 2007 年确定的粮食直补品种保持一致。直补资金规模,按照 2007 年粮食实际种植面积测算并确定全县(市、区)统一的补贴标准,将粮食直补资金一次性兑现给农户。另外,继续坚持粮食直补资金向产粮大县(市、区)倾斜、向生产商品粮多的县(市、区)倾斜、向水稻主产县(市、区)倾斜的原则;与此同时,各级财政部门在同级农业发展

银行开设"农民补贴资金专户",并在专户下单设粮食直补资金专账,对粮食直补资金进行单独核算。其中,乡(镇)财政所应在本县(市、区)政府确定发放"一折通"的金融机构开设粮食直补资金专户,保障粮食直补资金实现专账核算、专户管理与封闭化运行。

2009 年,根据《国务院关于进一步深化粮食流通体制改革的意见》(国发〔2004〕17 号)、《财政部关于调整完善中国农民补贴网分户补贴数据资料上报方式等有关问题的通知》(财建〔2009〕112 号)等相关文件规定,要求进一步严格管理粮食直补工作。种粮农民直接补贴工作经费在中央财政补助款和核准的额度内从粮食风险基金中列支后,如果仍有缺口,则由地方政府负责及时足额筹措到位,补助资金的分配方式,坚持向粮食主产区倾斜,兼顾非粮食主产区的原则;另外,地方财政列支数额不得突破中央财政批准的额度。对农民种粮补贴工作、农民补贴网络信息系统建设等要制定全面考评体系,实行严格的责任追究制度,考评结果直接与中央财经补助的工作经费挂钩,奖优罚劣。加强对直补经费的管理和监督,经费须严格按规定的范围使用,不得挪作他用。

2010—2011 年,湖北省按照统一补贴范围、统一补贴品种、统一补贴标准、统一补贴时限、统一发放程序的要求,继续推行粮食直补政策。2010 年《对种粮农民直接补贴和农资综合直补工作的实施意见》中指出,对种粮农民(包括国有农场、农垦企业和国有农牧渔良种场的粮食生产者)给予粮食直补。原则上,2010 年的粮食直补应与 2009 年确定的补贴品种保持一致,根据 2010 年的粮食直补资金规模,按照 2009 年粮食实际种植面积分别测算并确定全县(市、区)粮食直补标准。县(市、区)根据全县(市、区)统一的补贴标准和种粮农户 2009 年粮食实际种植面积,将粮食直补资金一次性兑现给农户,继续坚持粮食直补资金向产粮大县(市、区)倾斜、向提供商品粮多的县(市、区)倾斜的原则。2010 年省对县(市、区)补贴资金的分配办法与 2009 年基本一致,但进一步加强对补贴资金的监管,单设粮食直补资金专账,县(市、区)财政部门对本级及所辖乡(镇、街道办事处)财政所以前年度粮食直补资金如有结余的应予收回,与 2010 年的补贴资金一并发放。公开本地 2010 年补贴的粮食品种、面积及标准。另外,从 2010 年 4 月起,各地要开始核实农民粮食实际种植面积,做到边种边核边上报,由乡(镇)财政所对核实后的面积及时登记造册,确保农户实际种植面积的真实、准确,对实际种植面积与承包面积不一致的农户,粮食直接补贴将会受到影响。

2012—2015 年,湖北省主要根据 2012 年颁发的《关于进一步完善我省对种粮农民粮食直补和农资综合补贴工作的实施意见》(鄂财商发〔2012〕113 号)贯彻执行农业补贴工作,继续坚持"五统一"的发放原则,规范补贴面积、范围和对象。结合本省实际,全省"粮食两补"的补贴品种为水稻、小麦、玉米,具体补贴品种由县(市、区)人民政府根据本地实际情况确定,原则上补贴品种应与上年一致;统一补贴标准,按照上年度核实的粮食实际种植面积,分别计算并确定粮食直补和农资综合补贴亩均平补贴标准;统一补贴时限,在全省统一规定时限前,将"粮食两补"资金一次性兑付到农户手中;统一补贴程序,由县级财政部门通过县级金融机构将补贴资金打入农户的"一折通"。进一步规范粮食补贴面积,以农户二轮土地延包面积为基础,据实核定农户粮食实际种植面积;农户当年单季粮食补贴面积,不得超出其二轮土地延包面积;进一步规范粮食补贴范围,与此同时,规定滩涂、(蓄)行洪区、湖垸、河道等原则上不应种植粮食作物,林地套种粮食和已享受退耕还林补贴的土地,不得享受粮食补贴。进一步规范粮食补贴对象,农户之间耕地经营权发生流转的,签订的土地流转协议中应当明确"粮食两补"资金的受益方。同时,进一步规范粮食补贴操作程序,包括面积申报、补贴资金发放、补贴资金支取程序,进一步加强政策宣传与执行监管,严肃查处违规违纪行为。

2016年开始,按照中央政策,湖北省将粮食直补与农资综合直补、良种补贴三项合并为"农业支持保护补贴",主要用于耕地地力保护。在具体实施办法中,明确了不得享受补贴的七种情形,增强了补贴的针对性和严肃性。

综上所述,湖北省粮食直接补贴政策的制定和实际执行情况如表4.1所示。从表4.1中可以清晰地看出,虽然粮食直接补贴政策规定按照粮食实际种植面积进行补贴,但实际执行过程中,均按照农户的承包面积进行补贴。

表4.1 2004—2015年湖北省粮食直接补贴政策情况

年份	补贴总额/亿元	补贴品种	补贴对象	补贴依据(政策文件)	补贴依据(实际执行)
2004	5.66	水稻、小麦	所有生产者	计税面积、计税常产、种植面积	土地承包面积
2005	7.06	同上	同上	粮食实际种植面积	同上
2006	7.07	同上	同上	同上	同上
2007	7.07	同上	同上	同上	同上
2008	7.14	同上	同上	同上	同上
2009	7.11	同上	同上	同上	同上
2010	7.11	同上	同上	同上	同上

续表

年份	补贴总额/亿元	补贴品种	补贴对象	补贴依据（政策文件）	补贴依据（实际执行）
2011	7.10	同上	同上	同上	同上
2012	7.10	水稻、小麦、玉米	同上	以二轮土地延包面积为基础,核定粮食实际种植面积	同上
2013	7.19	同上	同上	同上	同上
2014	7.19	同上	同上	同上	同上
2015	7.19	同上	同上	同上	同上

数据来源:作者搜集整理。

4.1.2 研究假说

根据上节论述可知,在粮食直接补贴制度建立的前期,各地方各部门能认真按照规定进行贯彻落实。然而,由于粮食直接补贴资金按照粮食种植面积为标准发放执行的行政成本较高和操作方式较为复杂,制度在执行一年后,地方政府并未按照与粮食实际种植面积挂钩来进行粮食直接补贴,农民无论是否种粮,都能拿到补贴,在实际执行上将粮食直接补贴变成为脱钩式收入补贴。脱钩的粮食直接补贴资金具体用途由农民自己决定,实际上就是农民收入的一部分,农民可以将得到的所有补贴资金全部用于非农业生产或者农业生产,也可以只将部分补贴资金用于农业生产。倘若农业生产者将发放的粮食直接补贴资金用于非农业生产,农民将自主依据预期的粮食市场价格来确定粮食种植面积,粮食直接补贴资金对农民扩大或者减少种植粮食面积没有影响。

由于实际执行过程中,湖北省粮食直接补贴政策逐渐演变为脱钩式收入补贴,因此此章研究假说适合应用第3章收入类政策下的相关命题。由此,本书提出本章研究假说(推论):

假说 4.1(脱钩政策情况下,粮食直接补贴对粮食作物播种面积的影响):如果粮食直接补贴政策不按照粮食作物播种面积进行补贴,而是根据农户承包的土地面积或者户口进行补贴,意味着补贴资金进入等成本方程右边,改变预算变量,该政策实质上演变为收入政策,则该政策能否激励农户扩大粮食作物播种面积存在不确定性,这取决于粮食作物与其他农作物的比较收益。如果前者的比较收益高,则粮食作物播种面积将增加;如果前者的比较收益低,则粮食作物播种面积将减少;如果两者的比较收益一致,则粮食作物播种面积不变。

推论4.1(脱钩政策情况下,粮食直接补贴对粮食产量的影响):若假说4.1成立,在单产不降低情况下,粮食直接补贴对粮食产量的影响也存在不确定性,这取决于粮食作物播种面积的变化方向。如果播种面积增加,则粮食增产;如果播种面积减少,则粮食减产;如果播种面积不变,则粮食产量不变。

推论4.2(脱钩政策情况下,粮食直接补贴对农户收入的影响):一方面,粮食直接补贴具有直接增加农户总收入的直接效应;另一方面,粮食直接补贴具有改变农产品种植结构的间接效应。若假说4.1与推论4.1成立,则在粮食单价不降低情况下,粮食直接补贴对粮食收入的影响也存在不确定性,这取决于粮食产量的变化方向。如果粮食产量增加,则粮食收入增加;如果粮食产量减少,则粮食收入减少;如果粮食产量不变,则粮食收入不变。综合考虑粮食直接补贴政策的直接效应和间接效应,该政策将增加农户收入。

在粮食主产区,一方面大部分地方政府注重粮食生产,会尽量按照粮食补贴制度进行执行,从而促进粮食作物种植面积增加;另一方面,农业生产条件和技术较好,耕地资源丰富,农户生产种植的积极性较高,当地方政府未按照粮食种植面积为标准进行补贴时,农户会偏向于将所得到的粮食直接补贴资金全部或者大部分用于粮食生产,因此补贴后会促进粮食作物种植面积增加。非粮食主产区耕地资源匮乏,难以获得充足的灌溉条件和生产资料,农户生产粮食的积极性不高,很多农户会寻求其他的方式来获得收入。非粮食主产区的农户会偏向于将获得的粮食直接补贴用于非农业生产或者消费,甚至会减少补贴前用于粮食生产的化肥、劳动力等粮食生产要素的投入,因此补贴后粮食作物播种面积不会发生变化。基于上述分析,我们可以假设:粮食直接补贴与粮食作物种植面积没有必然的相关性。

4.2 粮食直接补贴对粮食作物播种面积的影响

4.2.1 描述性证据

本书依次选取亩均粮食直接补贴资金和户均粮食直接补贴资金这两个指标作为核心被解释变量,粮食作物播种面积占农作物播种面积的比重作为被解释变量,探究粮食直接补贴对粮食作物播种面积的影响。变量定义如图4.1所示。

从如图4.1所示的散点图可以看出,粮食直接补贴与粮食作物播种面积之间

的单变量关系如下：

　　粮食直接补贴与粮食作物播种面积比重之间存在微弱的相关性,但并不明显。本书运用2006—2015年湖北省71个县(市、区)亩均粮食直接补贴资金、户均粮食直接补贴资金与粮食作物播种面积所占农作物播种面积的比重数据,制作出比重之间统计意义上的线性关系图(图4.1)。从图4.1中我们可以看出,户均粮食直接补贴资金和亩均粮食直接补贴资金对粮食作物播种面积比重的影响存在着一定的差异,户均粮食直接补贴资金与粮食作物播种面积比重存在着略微的正相关关系,亩均粮食直接补贴资金与粮食作物播种面积比重存在着极小的负相关关系。整体而言,粮食直接补贴与粮食作物播种面积比重可能并不相关。

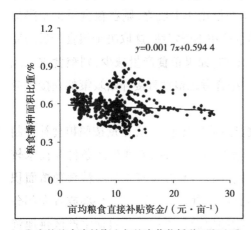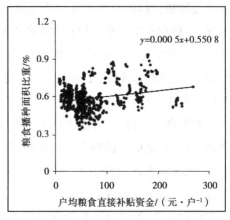

(a)亩均粮食直补资金与粮食作物播种面积比重　　(b)户均粮食直补资金与粮食作物播种面积比重

图4.1　粮食直补对粮食作物播种面积比重的影响

　　另外,本书分别制作出2006—2015年湖北省粮食主产区、非粮食主产区的亩均粮食直接补贴资金和户均粮食直接补贴资金与粮食作物播种面积占农作物播种面积比重之间统计意义上的线性关系图(图4.2)。从图4.2中可以看出:

　　粮食主产区直接补贴资金与粮食作物播种面积比重呈微弱的正相关关系。随着政府对粮食主产区粮食直接补贴资金投入的不断加大,粮食作物播种面积占农作物播种面积的比重也会不断上升,粮食作物播种面积逐步增加,如图4.2(a)和图4.2(b)所示。

　　非粮食主产区粮食直接补贴资金与粮食作物播种面积比重呈微弱负相关关系。从图4.2(c)和图4.2(d)可以看出,非粮食主产区内亩均、户均粮食直接补贴资金对粮食作物播种面积比重的影响程度不一致。整体而言,随着粮食直接补贴金额的不断增长,粮食作物播种面积会有不同程度的减少。

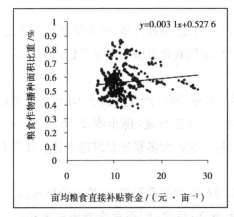

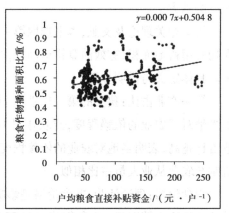

（a）粮食主产区亩均粮食直补资金与播种面积比重　（b）粮食主产区户均粮食直补资金与播种面积比重

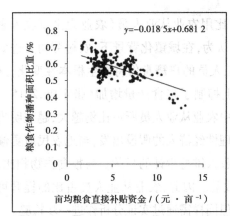

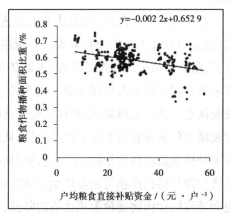

（c）非粮食主产区亩均粮食直补资金与播种面积比重（d）非粮食主产区户均粮食直补资金与播种面积比重

图4.2　粮食主产区和非粮食主产区粮食直补对粮食作物播种面积比重的影响

以上描述性证据为单变量之间的相关关系,为进一步确定粮食直接补贴对粮食作物播种面积的影响,还需加入更多的控制变量,以确定前者对后者的影响。

4.2.2　模型与变量

影响粮食作物播种面积的大小的因素众多,包括粮食直接补贴资金、耕地面积及种粮劳动力等。本书结合现有的研究成果,并考虑数据的可获得性,选取以下指标作为影响粮食作物播种面积的驱动因素。

本书选取粮食直接补贴资金作为核心解释变量,与此同时,为了从人口、土地等两个维度分析粮食直接补贴的作用,将其分为户均和亩均粮食直接补贴资金。一般而言,粮食直接补贴资金越高,农户种植粮食的意愿越强烈,粮食作物播种面

积就会越大。

根据相关理论及文献,本书选取第一产业占比、粮食价格、农业从业人员占比、人均常用耕地面积、有效灌溉耕地面积占比、亩均农业机械动力等指标作为控制变量。具体定义与说明如下:

第一产业占比:狭义的第一产业主要指农业,第一产业产值占 GDP 比重衡量了当地对于农业的依赖程度,或农业对 GDP 的贡献程度(陈小清,2016)。第一产业占比越高,表明当地对农业的依赖程度越高,农民大多靠务农维持生计。其影响机制与农业从业人员占比相似。

粮食价格:理论认为,粮食价格是影响种粮收益的重要变量,粮食价格越高,在其他条件不变情况下,粮食作物播种面积越高;反之,则粮食作物播种面积占比越低。

农业从业人员占比:农业从业人员占比用农业从业人员(农业为主要收入来源)占乡村从业人员的比重来表示。理论认为,在城镇化背景下,农村劳动力进城务工,随着城市融入政策的改善,进城务工人员的户籍身份将发生根本性变化,这带来的农村劳动力人口减少在一定程度上抑制了粮食产量增加(张宇青,2015)。农业从业人员占比越高,即乡村从业人员中农业从业人员所占比例越大,越表明当地农民主要靠务农而非务工维持生计,从理性经济人的假设出发,当地农民应更倾向于种植收益较高的作物,从而达到增加收入维持生计的目的。与粮食作物相比,经济作物与特色作物可能会产生更大的收益。因此,农业从业人员占比的提升可能会导致粮食作物播种面积比重的降低,但同样需通过实证分析作进一步检验。

人均常用耕地面积:粮食作物播种面积是由种植粮食作物的复种指数与耕地面积的乘积来衡量的,耕地面积是粮食作物播种面积的基础和前提,而人均常用耕地面积规避了人口因素的影响,更加直接地反映乡村的耕地禀赋。一般来说,在其他条件保持不变的情况下,人均常用耕地面积越多,粮食作物播种面积也会越多,农户越能够利用有限的资源实现规模效益的最大化(魏茂青,2013)。人均常用耕地面积与粮食作物播种面积占农作物播种面积的比重存在正相关关系。

有效灌溉耕地面积占比:有效灌溉耕地面积占比是指有效灌溉耕地面积占总耕地面积的比例。由于生长特性不同,不同的农作物对水的需求量具有显著的差异。例如,粮食作物中的水稻需水量最多,其次是玉米,再次是小麦等。又如,经济作物中的蔬菜、瓜果的需水量也具有显著的差别。有效灌溉面积越多,就越能支持需水量大的农作物。一般而言,经济作物,如蔬菜、瓜果,需水量大,适合精耕细作。因此,有效灌溉耕地面积占比对粮食作物播种面积比例可能存在负相关影响。

亩均农业机械动力:亩均农业机械动力说明了农业机械化的水平和现状,随着工业化的演进和发展,我国农业机械化的水平不断提高(陈宏,2012;孙曦恋,2015)。亩均农业机械动力主要包括耕作机械、排灌机械、收获机械、农用运输机械等。当地农业机械化水平的提高有助于减轻农民耕作负担,高效管理土地,在一定范围内可促进粮食作物播种面积增加。

为了反映粮食直接补贴资金对粮食作物播种面积比重的影响,本小节构建了计量模型,即:

$$y_{it} = \alpha_0 + \alpha_1 S_{it} + \alpha_2 AOG_{it} + \alpha_3 PRC_{it} + \alpha_4 ROA_{it} +$$
$$\alpha_5 LAN_{it} + \alpha_6 IRRI_{it} + \alpha_7 MAC_{it} + \varepsilon_{it}$$

其中,y_{it} 为粮食作物播种面积比重;S_{it} 为亩均粮食直接补贴资金、户均粮食直接补贴资金;AOG_{it} 表示第一产业比重,即第一产业产值占 GDP 比重;PRC_{it} 表示粮食价格,即小麦、水稻、玉米的市场平均价格;ROA_{it} 表示农业从业人员占比,即农业从业人员占乡村从业人员比重;LAN_{it} 为人均常用耕地面积;$IRRI_{it}$ 表示有效灌溉耕地面积占比,即有效灌溉耕地面积占耕地总面积比重;MAC_{it} 为亩均农业机械动力。具体如表4.2 所示。

表4.2 粮食直补对粮食作物播种面积影响研究的变量选取及说明

变量	符号	单位	变量定义及说明	预期方向
被解释变量				
粮食作物播种面积比重	y	%	粮食作物播种面积比重=粮食作物播种面积/农作物总播种面积	
核心解释变量				
亩均粮食直接补贴资金	S_1	元/亩	亩均粮食直接补贴资金=粮食直接补贴资金/粮食作物播种面积	?
户均粮食直接补贴资金	S_2	元/户	户均粮食直接补贴资金=粮食直接补贴资金/乡村户数	?
控制变量				
社会经济环境类				
第一产业占比	AOG	%	第一产业占比=第一产业产值/GDP 总值	-
粮食价格	PRC	元/千克	小麦、水稻、玉米的市场平均价格	+

续表

变量	符号	单位	变量定义及说明	预期方向
农业从业人员占比	ROA	%	农业从业人员占比=农业从业人员/乡村从业人员	−
土地、劳动、机械等禀赋类				
人均常用耕地面积	LAN	亩/人	人均常用耕地面积=常用耕地面积/乡村农业从业人员	+
有效灌溉耕地面积占比	IRRI	%	有效灌溉耕地面积占比=有效灌溉耕地面积/耕地总面积	−
亩均农业机械动力	MAC	（千瓦·时）/亩	亩均农业机械动力=农业机械总动力/农作物播种面积	+

4.2.3　计量结果与讨论

1）实证结果分析

关于面板模型,首先采用 Hausman 检验确定应选择随机效应模型还是固定效应模型。为全面分析粮食直补对粮食作物播种面积的影响,本章将粮食直补分别用亩均粮食直补和户均粮食直补来进行 Hausman 检验,结果如表 4.3 所示。无论是每亩粮食直补还是每户粮食直补,Hausman 检验统计量在显著水平为 1% 时都拒绝原假设,即个体效应和解释变量无关,应抛弃随机效应模型,即两种粮食直补政策的效果分析均须采用固定效应模型。此外,无论是粮食主产区还是非粮食主产区的 Hausman 检验,都在 1% 的显著水平下拒绝原假设,因此,在进行粮食主产区和非粮食主产区粮食直接补贴对粮食作物播种面积的影响分析时也采用固定效应模型。

表 4.3　Hausman 检验结果

检验结果	整体随机检验		粮食主产区随机检验		非粮食主产区随机检验	
	亩均粮食直补	户均粮食直补	亩均粮食直补	户均粮食直补	亩均粮食直补	户均粮食直补
卡方值	52.174 3	47.590 6	48.124 0	47.058 9	52.127 3	50.936 8
自由度	7	7	7	7	6	6
P 值	0.000 0	0.000 0	0.000 0	0.000 0	0.000 0	0.000 0

　　粮食直接补贴对粮食作物播种面积并不存在显著影响。由表4.4可知,整体样本的固定效应模型的估计结果与前文讨论的描述性分析结果是一致的。无论是亩均粮食直补还是户均粮食直补,都没有通过显著性检验,且粮食直补的估计系数为负,表明随着粮食补贴资金的增加,播种面积将减少。但值得注意的是,粮食直接补贴对粮食作物播种面积的负影响非常小,估计系数值几乎接近0,尤其是每户粮食直补(在整体样本情况下,每亩粮食直补对粮食作物播种面积的影响系数值大于每户粮食直补的影响系数值)。这说明粮食直接补贴对粮食作物播种面积并不存在显著影响,即粮食直接补贴不影响农户扩大播种规模的意愿,这与黄季焜和王晓兵等的研究(2011)相一致,并从实证角度在一定程度上印证了假说4.1的正确性。

表4.4　粮食直接补贴对粮食作物播种面积影响的固定效应模型估计结果

解释变量	整体 FE		粮食主产区		非粮食主产区	
	(1)	(2)	(3)	(4)	(5)	(6)
亩均粮食直补	−0.001 5		0.000 1		−0.000 3	
	(0.001 2)		(0.001 1)		(0.002 3)	
户均粮食直补		−0.000 3		0.000 1		0.001 9 **
		(0.000 2)		(0.001 2)		(0.000 9)
第一产业占比	−0.016 5	−0.021 7	−0.057 4	−0.062 8	0.014 0	−0.001 2
	(0.026 9)	(0.025 2)	(0.055 8)	(0.056 6)	(0.018 2)	(0.014 2)
粮食价格	1.368 7 ***	1.410 1 ***	0.054 6	0.070 4	−0.018 3	−0.015 3
	(0.149 3)	(0.128 3)	(0.053 4)	(0.050 1)	(0.038 6)	(0.032 9)
农业从业人员占比	−0.773 6 ***	−0.794 2 ***	−0.573 7 ***	−0.599 1 ***	−0.959 4 ***	−0.991 2 ***
	(0.073 7)	(0.066 5)	(0.117 1)	(0.109 5)	(0.080 2)	(0.067 7)
人均常用耕地面积	0.001 8	0.002 0	0.001 3	0.001 7	0.000 9	−0.000 4
	(0.002 2)	(0.002 2)	(0.002 3)	(0.002 0)	(0.001 9)	(0.001 6)
亩均农业机械动力	0.067 7	0.075 7 *	1.026 3 ***	1.113 4 ***	1.653 4 ***	1.675 1 ***
	(0.040 6)	(0.038 8)	(0.253 1)	(0.237 7)	(0.085 4)	(0.072 0)
有效灌溉耕地面积占比	−0.052 9 *	−0.052 4 **	0.004 6	0.000 0	−0.033 4	−0.037 8
	(0.026 7)	(0.025 8)	(0.039 8)	(0.040 9)	(0.158 7)	(0.165 7)
常数项	0.500 9 ***	0.498 5 ***	0.504 5 ***	0.489 5 ***	0.532 2 ***	0.493 5 ***
	(0.041 7)	(0.042 2)	(0.063 4)	(0.071 4)	(0.038 5)	(0.041 2)

续表

年份	控制		控制		控制	
县(市、区)	控制		控制		控制	
观测值	710	710	420	420	290	290
调整后 R^2	0.66	0.66	0.53	0.48	0.85	0.86

注:*,** 和 *** 分别表示在 10%、5% 和 1% 的水平上显著;括号内数字为标准差。

粮食直补无法促进播种面积比例增加的原因可能有三:

首先,粮食直补的发放往往发生在粮食播种之后,属于事后的激励。关于粮食直补,农户往往会选择进行消费而非用于生产。因此,粮食直补对农户当年的播种意愿没有影响,而且对第二年扩大粮食种植规模具有较小的影响。

其次,粮食直补的资金较少,农户的机会成本较高。即使粮食直补对粮食作物播种面积具有一定的激励作用,能够促使粮食作物播种面积扩大,但粮食的种植、管理、收割等需要消耗更多的劳动力和生产资料,而同期粮食作物的价格却比较平稳,相比农户的工资性收入来说,机会成本高,因此农户往往对扩大粮食规模的热情度不高。

最后,粮食生产规模和面积与粮食直补脱钩。从政府部门角度分析,粮食直补的发放具有一定的衡量标准,然而实际操作中,粮食直补衡量标准的成本较高。一方面,上级政府部门需要依靠基层组织,而基层组织往往选择多报,导致大量的粮食直补资源无法发挥相应的作用;另一方面,政府部门为了降低行政成本,往往选取往年的数据,从而导致粮食直补的资金被锁定,即粮食生产规模和面积与粮食直补脱钩,粮食直补无法实现"物尽其用"。总之,粮食直补并没有发挥相应的激励作用,反而给财政资源带来了极大的浪费,这样不仅不利于推进农业种植规模的扩大,而且容易导致"黑匣子"操作。

控制变量中,第一产业占比没有通过显著性检验,但对粮食作物播种面积的影响为负,即第一产业占 GDP 的比重越大,粮食作物播种面积就越小。人均常用耕地面积也没有通过显著性检验,但对粮食作物播种面积的影响为正,即人均常用耕地面积越大,粮食作物播种面积就越大。亩均农业机械动力在模型(1)中没有通过显著性检验,但在模型(2)中 10% 的水平上显著,且对粮食作物播种面积均有正影响。

在剩下的三个控制变量中,农业从业人员占比、粮食价格和有效灌溉耕地面积占比均通过显著性检验。农业从业人员占比在 1% 水平上负显著,即在模型(1)

中,农业从业人员占比每提高1个百分点,粮食作物播种面积占比将减少0.773 6个百分点;在模型(2)中,农业从业人员占比每提高1个百分点,粮食作物播种面积占比将减少0.794 2个百分点。粮食价格在1%水平上正显著,即在模型(1)中,粮食价格每千克提高1元,粮食作物播种面积占比将增加1.368 7个百分点;在模型(2)中,粮食价格每千克提高1元,粮食作物播种面积占比将增加1.410 1个百分点。有效灌溉耕地面积占比也通过了显著性检验,但是,在模型(1)中,有效灌溉耕地面积占比在10%水平上负显著,即有效灌溉耕地面积占比每提高1个百分点,粮食作物播种面积占比将减少0.052 9个百分点;在模型(2)中,有效灌溉耕地面积占比在5%水平上负显著,即有效灌溉耕地面积占比每提高1个百分点,粮食作物播种面积占比将减少0.052 4个百分点。

为了更加全面、准确地分析不同区域粮食直补对粮食作物播种面积的影响,我们依据湖北省不同区域的农业发展状况,将其分为粮食主产区和非粮食主产区。分区域看,在粮食主产区和非粮食主产区的固定效应模型也与前文分析结果一致。在粮食主产区粮食直接补贴的估计系数为正,表明随着粮食补贴资金的增加,播种面积将增加。但在非粮食主产区,每亩粮食直补的估计系数为负。

具体的效应机制可能是,一方面,随着我国城镇化、工业化的推进和发展,地方政府更加注重第二、第三产业的发展,从而导致更多的劳动力、资金从农业向工业、服务业转移;再加上粮食直补分摊到每户种粮农民手上的金额不多,由于种粮机会成本太高,往往被看作对年迈劳动力的"养老金",对年轻劳动力也没有吸引和激励机制。另一方面,生产粮食并不是非粮食主产区的支柱产业,粮食的生产和发展在一定程度上不能够适应当地的地理特征和气候特点,如果执意过度开发粮食耕地,很有可能导致滑坡、泥石流等自然灾害发生,不利于当地生态的可持续发展,反而会人为地增加自然灾害发生的可能性,因此在客观上粮食直补无法促进粮食播种规模的扩大。但值得注意的是,无论在粮食主产区还是在非粮食主产区,都没有通过显著性检验,粮食直接补贴对粮食作物播种面积的影响非常小,几乎接近为0,即无论粮食主产区还是非粮食主产区,粮食直接补贴对粮食作物播种面积都无影响。

此外,非粮食主产区的农业从业人员占比对粮食作物播种面积的负影响明显大于对粮食主产区的农业从业人员占比负影响;亩均农业机械动力对非粮食主产区的粮食作物播种面积的正影响也远大于对粮食主产区的正影响。

2)稳健性检验

为进一步验证上述结果具有稳健性,我们在多元回归模型中引入粮食作物播种面积一阶滞后项,构建一个动态面板数据模型。本章采用系统广义矩估计方法

对其进行估计,同时对估计结果进行 Sargen 检验,以验证工具变量的有效性,并对残差项是否存在一阶和二阶序列自相关进行了检验。系统广义矩估计具体可分为一步法和两步法。与一步法相比,两步法不易受到异方差的干扰,但两步法的标准误差在有限样本条件下可能产生向下偏倚。为此,本章遵循 Windmeijer(2005)的方法对两步法标准差的偏差进行校正。表4.5 给出的系统广义矩估计结果与固定效应模型中解释变量的符号和显著性基本一致,表明本书结论对不同的计量回归方法都是稳健的。从检验结果上看,AR(1)检验的 P 值均小于0.1,表明残差项存在显著的一阶自相关,而 AR(2)检验的 P 值均大于0.5,表明残差项不存在二阶自相关,符合模型的设定条件;Sargen 检验的 P 值均大于0.1,说明残差项与解释变量不相关,工具变量是合理的。另外,表4.5 中粮食作物播种面积一阶滞后项的估计结果表明,粮食作物播种面积存在显著的持续性特征,故而上述结果再次证实了本章实证结果具备稳健性。

表4.5 粮食直接补贴对粮食作物播种面积影响的稳健性检验结果

解释变量	整体 GMM		粮食主产区		非粮食主产区	
	(1)	(2)	(3)	(4)	(5)	(6)
亩均粮食直补	-0.000 2		-0.000 7 **		-0.003 5 **	
	(0.000 3)		(0.000 7)		(0.001 7)	
户均粮食直补		0.000 0 **		-0.000 1 **		0.000 3
		(0)		(0)		(0.002 6)
第一产业占比	-0.036 4	-0.037 4	-0.046 6	-0.049 4	-0.019 5	-0.019 4
	(0.033 1)	(0.035)	(0.037 5)	(0.040 7)	(0.034 5)	(0.028 9)
粮食价格	0.734 3 ***	0.733 1 ***	0.096 6 **	0.123 9 **	-0.072 7 **	-0.041
	(0.091 4)	(0.863 9)	(0.046 8)	(0.044 6)	(0.035 1)	(0.035 8)
农业从业人员占比	-0.952 9 ***	-0.963 8 ***	-0.778 5 ***	-0.818 7 ***	-0.978 7 ***	-1.003 1 ***
	(0.071 6)	(0.078 4)	(0.089 8)	(0.087)	(0.074 7)	(0.083 1)
人均常用耕地面积	0.001 3	0.001	0.001 7	0.002 2	-0.000 1	-0.000 4
	(0.002 3)	(0.002 5)	(0.002 5)	(0.003 2)	(0.001 1)	(0.001 4)
亩均农业机械动力	-0.025 1	-0.025 1	0.032	0.027 3	0.026 6	0.022 7
	(0.022)	(0.032 5)	(0.034)	(0.026 8)	(0.028 4)	(0.022 4)
有效灌溉耕地面积占比	0.031 9	0.037 7	1.458 7 ***	1.447 ***	1.674 3 ***	1.732 4 ***
	(0.037 8)	(0.044 5)	(0.137 2)	(0.147 1)	(0.085)	(0.091)

解释变量	整体 GMM		粮食主产区		非粮食主产区	
	（1）	（2）	（3）	（4）	（5）	（6）
滞后一期粮食作物播种面积	0.103 3 **	0.095 6 **	0.033 6 ***	0.0415 ***	0.023 1	0.025 2
	(0.041 3)	(0.039)	(0.028 5)	(0.042)	(0.038 2)	(0.040 3)
常数项	0.460 3 ***	0.558 7 ***	0.435 4 ***	0.359 5 ***	0.582 1 ***	0.574 2 ***
	(0.042 5)	(0.054 1)	(0.057 1)	(0.057 2)	(0.032 4)	(0.039 9)
年份	控制		控制		控制	
县（市、区）	控制		控制		控制	
观测值	639	639	639	639	261	261
AR(1)检验 P 值	0.005 1	0.004 5	0.006 8	0.005 6	0.006 5	0.006 6
AR(2)检验 P 值	0.437 3	0.485 5	0.466 4	0.549 1	0.667 3	0.644 5
Sargen检验 P 值	0.235 5	0.281 8	0.324 5	0.328 2	0.389 1	0.394 5

注：* , ** 和 *** 分别表示在 10%、5% 和 1% 的水平上显著；括号内数字为标准差。

4.3 粮食直接补贴对农民收入的影响

4.3.1 描述性证据

本书选取农村居民人均纯收入指标来衡量农民收入水平,作为被解释变量,核心解释变量选取亩均粮食直接补贴资金和户均粮食直接补贴资金这两个指标。亩均和户均粮食直接补贴资金反映了当地粮食直接补贴的状况和水平。

粮食直接补贴资金与农民收入之间呈正相关关系。本书分别制作出 2006—2015 年湖北省 71 个县(区、市)亩均粮食直接补贴资金、户均粮食直接补贴资金与农村居民人均纯收入之间统计意义上的线性关系图(图 4.3)。从图 4.3 中可以看出,亩均和户均粮食直接补贴资金对农民收入水平的影响程度不一,但整体上,一个地区的粮食补贴资金与该地区的农民收入水平呈正相关关系,即随着政府对粮食直接补贴投入力度的加大,农民收入水平逐步提高。

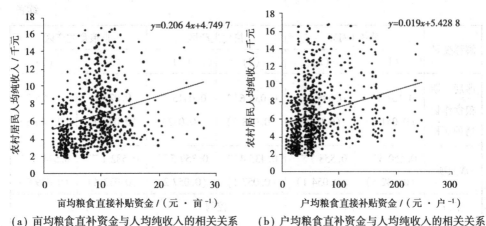

（a）亩均粮食直补资金与人均纯收入的相关关系　（b）户均粮食直补资金与人均纯收入的相关关系

图4.3　粮食直补对农民收入的影响机制

粮食主产区粮食直接补贴资金与农民收入呈不确定的关系,非粮食主产区粮食直接补贴资金与农民收入呈正相关关系。本书分别制作出 2006—2015 年湖北省粮食主产区、非粮食主产区亩均粮食直接补贴资金和户均粮食直接补贴资金与农村居民人均纯收入之间统计意义上的线性关系图(图4.4)。从图4.4(a)和图4.4(b)可以看出,粮食主产区单位亩均粮食直接补贴资金与农民收入存在负相关关系,户均粮食直接补贴资金与农民收入存在着微弱的正相关关系。因此,粮食直接补贴资金与农民收入关系不明确。从图4.4(c)和图4.4(d)中可以看出,非粮食主产区单位粮食作物播种面积和户均粮食直接补贴资金对农民收入的影响程度存在着一定的差异性。但整体上,某一个非粮食主产地区的粮食直接补贴资金与该地区的农民收入水平呈正相关关系,即随着粮食直接补贴资金金额的不断增加,农民收入也会有不同程度的提高。

4.3.2　模型与变量

本小节选取的被解释变量为农村居民人均纯收入,选取的核心解释变量继续延续了上一小节的做法,将其划分为亩均粮食直接补贴资金和户均粮食直接补贴资金,从而分析其对农村居民人均纯收入的影响。同时,引入每亩化肥使用量、城镇化率、第一产业占比、农业从业人员占比等控制变量,分析这些变量对农村居民人均纯收入的影响。

城镇化率:近些年,随着城市的不断发展,城镇化水平稳步提高,农村剩余劳动力逐步向城市转移,开始在城市寻求工作并长期发展。这些长期在外务工人员通过在城市务工,工资性收入大幅提升,远比在农村务农所得收入要高。要想长期持续提高农民收入,最根本的办法就是减少农业人口(林毅夫,2003)。城镇化的快速发展为农民提供了更多的就业机会,对其收入提升具有一定的促进作用,预计城镇化率与农村居民人均纯收入存在正相关关系。

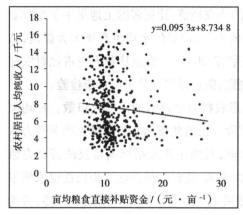

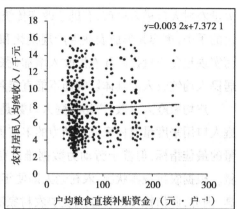

(a) 粮食主产区亩均粮食直补资金与人均
　　纯收入的相关关系

(b) 粮食主产区户均粮食直补资金与人均
　　纯收入的相关关系

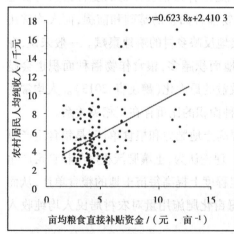

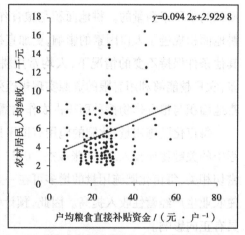

(c) 非粮食主产区亩均粮食直补资金与人均
　　纯收入的相关关系

(d) 非粮食主产区户均粮食直补资金与人均
　　纯收入的相关关系

图4.4　粮食主产区和非粮食主产区粮食直补对农民收入的影响

第一产业占比:农业是国民经济的基础,是工业和其他国民经济部门独立化的基础。城镇化率和农业产值占第一产业总产值的比重是影响农民收入的主要因素(刘秉镰,2010)。第一产业所占比重较大的地区,一般来说农业较发达,农业生产条件较好,相对来说,农村居民更多地依靠农业收入,其人均纯收入一般要低于依靠第二和第三产业的农户。因此,第一产业占比越高,农民人均纯收入可能越低。

农业从业人员占比:农业从业人员占比用农业从业人员(农业为主要收入来

源)占乡村从业人员的比重来表示。农业从业人员占比越高,即乡村从业人员中农业从业人员所占比例越大,表明当地农民主要靠务农而非务工维持生计。农民收入来源主要为农业生产经营性收入而非工资性收入。理论认为,城镇化加速推进,大量农村人口进入城市,有助于改变传统的小农经济,让更多的土地集中于少数农民的手中,更容易形成农业生产规模化和效率化,使单位土地生产率大大提高,从而实现粮食产量提高和农民收入增加(张宇青,2015)。农业从业人员占比对农村居民人均纯收入的具体影响尚不能直接判定,需通过实证分析进一步检验。

户均家庭人口数:户均家庭人口数是指农村每个家庭的平均人口数。户均家庭人口用来度量农村家庭劳动力的丰富程度。虽然此指标并非衡量家庭劳动力数量的最佳指标,但苦于劳动力数据难以获取,只能采用此指标间接反映劳动力数量。根据农村现实状况,农村老人即便年龄很大,他们参加劳动的积极性也依然很高,因此,此指标可以较好地反映农村家庭劳动力数量。家庭劳动人口越多,劳动力也可能越多,获取的收入也将越多(周振,2016;祝华军,2005)。

人均常用耕地面积:粮食作物播种面积是由种植粮食作物的复种指数与耕地面积的乘积来衡量的。耕地面积是粮食作物播种面积的基础和前提,而人均常用耕地面积规避了人口因素的影响,更加直接地反映乡村的耕地禀赋。一般来说,在其他条件保持不变的情况下,人均常用耕地面积越多,粮食作物播种面积也会越多,农户越能够利用有限的资源实现规模效益的最大化(魏茂青,2013)。人均常用耕地面积与粮食作物播种面积占农作物播种面积的比重存在正相关关系。

每亩化肥施用量:化肥的施用有助于提高土地肥力和粮食单产,是粮食生产过程中的关键物质投入之一(张淑杰,2012)。理论认为,土壤肥沃程度与粮食亩产量密切相关,每亩化肥施用量的增多可在一定程度上提高每亩土地的粮食单产,从而使农业生产经营性收入提高。因此,预计每亩化肥施用量对农村居民人均纯收入具有正向影响。

亩均农业机械动力:亩均农业机械动力说明了农业机械化的水平和现状,随着工业化的演进和发展,我国农业机械化的水平不断提高(陈宏,2012;孙曦恋,2015)。亩均农业机械动力主要包括耕作机械、排灌机械、收获机械、农用运输机械等。当地农业机械化水平的提高有助于减轻农民耕作负担,高效管理土地,在一定范围内可促进粮食作物播种面积增加。

本小节的数据来源同上小节。

与上一小节类似,本小节构建粮食直接补贴对农民收入影响的计量模型,具体如下所示:

$$y_{it} = \alpha_0 + \alpha_1 S_{it} + \alpha_2 URB_{it} + \alpha_3 AOG_{it} + \alpha_4 ROA_{it} + \alpha_5 FS_{it} +$$

$$\alpha_6 LAN_{it} + \alpha_7 FER_{it} + \alpha_8 MAC_{it} + \varepsilon_{it}$$

其中,y_{it} 为农村居民人均纯收入;S_{it} 为亩均粮食直接补贴资金、户均粮食直接补贴资金;URB_{it} 为城镇化率;AOG_{it} 为第一产业占 GDP 比重;ROA_{it} 为农业从业人员占比,用农村从业人员占乡村从业人员的比重表示;FS_{it} 为户均家庭人口数;LAN_{it} 为人均常用耕地面积,用常用耕地面积占粮食作物播种面积的比重表示;FER_{it} 为每亩化肥施用量;MAC_{it} 为亩均农业机械动力。值得注意的是,数据样本为 2006—2015 年湖北省 71 个县(市、区)(由于随县 2009 年以前属于随州市曾都区,所以剔除随县、曾都区,枣阳市部分数据异常,也将其剔除)。具体如表 4.6 所示。

表 4.6　粮食直补对农村居民人均纯收入影响研究的变量选取及说明

变量	符号	单位	变量定义及说明	预期方向
被解释变量				
农村居民人均纯收入	y	元	—	
核心解释变量				
亩均粮食直接补贴资金	S_1	元/亩	亩均粮食直接补贴资金=粮食直接补贴资金/粮食作物播种面积	+
户均粮食直接补贴资金	S_2	元/户	户均粮食直接补贴资金=粮食直接补贴资金/乡村户数	+
控制变量				
社会经济环境类				
城镇化率	URB	%	城镇化率=城镇常住人口/常住人口	+
第一产业占比	AOG	%	第一产业占比=第一产业产值/GDP 总值	−
农业从业人员占比	ROA	%	农业从业人员占比=农业从业人员/乡村从业人员	−
土地、劳动、机械等禀赋类				
户均家庭人口数	FS	人/户	户均家庭人口数=乡村总人口/乡村户数	+

续表

变量	符号	单位	变量定义及说明	预期方向
人均常用耕地面积	LAN	亩/人	人均常用耕地面积＝常用耕地面积/乡村农业从业人员	＋
每亩化肥施用量	FER	吨/亩	粮食作物化肥施用总量/粮食作物播种面积	＋
亩均农业机械动力	MAC	（千瓦·时）/亩	亩均农业机械动力＝农业机械总动力/农作物播种面积	＋

4.3.3 计量结果与讨论

1）实证结果分析

首先通过 Hausman 检验确定选择随机效应模型还是固定效应模型,结果如表 4.7 所示。无论是亩均粮食直补还是户均粮食直补,Hausman 检验统计量在 1% 的显著水平下拒绝原假设,也即个体效应与解释变量无关,抛弃随机效应模型,两种粮食直补均采用固定效应模型。此外,无论是粮食主产区还是非粮食主产区的 Hausman 检验,都在 1% 的显著水平下拒绝原假设。因此,在进行粮食主产区和非粮食主产区粮食直接补贴对农民收入影响的分析时也采用固定效应模型。

表 4.7　Hausman 检验结果

检验结果	整体随机检验		粮食主产区随机检验		非粮食主产区随机检验	
	亩均粮食直补	户均粮食直补	亩均粮食直补	户均粮食直补	亩均粮食直补	户均粮食直补
卡方值	65.149 2	67.189 7	63.157 6	58.444 3	55.172 2	54.123 0
自由度	5	5	5	5	5	5
P 值	0.000 0	0.000 0	0.000 0	0.000 0	0.000 0	0.000 0

粮食直接补贴作为收入性补贴,整体上对农民收入具有正影响。由表 4.8 可知,整体样本的固定效应模型的估计结果与前文讨论的描述性分析结果一致。无论是亩均粮食直补还是户均粮食直补,都通过显著性检验,且粮食直接补贴的估计系数为正,表明随着粮食补贴资金的增加,农民收入将增加。一方面,粮食直补以

现金的方式成为农户的转移性收入,直接增加了农户收入;另一方面,粮食直补能帮助农户更好地投资,农户会更加及时地更新农业机械,从而推动农业劳动工具、农业技术等方面进一步发展,生产效率得到大幅提高,收入也获得相应提升。这从实证角度在一定程度上印证了推论4.2的正确性。

控制变量中,第一产业占比通过显著性检验,但对农民收入的影响为负,即第一产业占 GDP 比重越大,农民收入就越少。人均常用耕地面积没有通过显著性检验,但对农民收入的影响为正,即人均常用耕地面积越大,农民收入就越多。

城镇化率、农业从业人员占比、户均家庭人口数、每亩化肥施用量、亩均农业机械动力均通过显著性检验。城镇化率在1%水平上正显著,即在模型(1)中,城镇化率每提高1个百分点,每位农民的收入将增加 0.000 25 元;在模型(2)中,城镇化率每提高1个百分点,每位农民的收入也将增加 0.000 2 元。农业从业人员占比在1%水平上正显著,即在模型(1)中,农业从业人员占比每提高1个百分点,每位农民的收入将减少 0.765 3 元;在模型(2)中,农业从业人员占比每提高1个百分点,每位农民的收入将减少 0.784 1 元。户均家庭人口数在1%水平上正显著,即在模型(1)中,每户家庭每增加1个人,每位农民的收入将增加 0.023 9 元;在模型(2)中,每户家庭每增加1个人,每位农民的收入将增加 0.032 7 元。每亩化肥施用量在5%水平上正显著,即在模型(1)中,每亩耕地化肥施用量每增加1吨,每位农民的收入将增加 0.028 7 个百分点;在模型(2)中,每亩耕地化肥施用量每增加1吨,每位农民的收入将增加 0.029 5 个百分点。亩均农业机械动力在1%水平上正显著,即在模型(1)中,每亩耕地的农业机械动力每增加1千瓦·时,每位农民的收入将增加 0.033 7 元;在模型(2)中,每亩耕地的农业机械动力每增加1千瓦·时,每位农民的收入将增加 0.035 4 元。

表4.8 粮食直接补贴对农民收入影响的固定效应模型估计结果

解释变量	整体 FE		粮食主产区		非粮食主产区	
	(1)	(2)	(3)	(4)	(5)	(6)
亩均粮食直补	0.001 1 **		−0.001 *		0.001 4 ***	
	(0.042 5)		(0.000 7)		(−0.021 5)	
户均粮食直补		0.000 9 **		−0.000 1 *		0.000 4 ***
		(0.023 1)		(0.000 1)		(0.004 6)
城镇化率	0.000 25 ***	0.000 2 ***	0.031 0	0.029 3	0.000 2 ***	0.000 2 ***
	(0)	(0)	(0.041 6)	(0.040 8)	(0)	(0)

续表

解释变量	整体 FE		粮食主产区		非粮食主产区	
	(1)	(2)	(3)	(4)	(5)	(6)
第一产业占比	−0.017 4*	−0.020 2*	−0.062 8*	−0.063 6*	−0.142 1***	−0.130 4***
	(0.007 7)	(0.015 8)	(0.032)	(0.032 5)	(0.046 4)	(0.047 5)
农业从业人员占比	−0.765 3***	−0.784 1***	−0.027 5	−0.027 5	−0.1374	−0.138
	(0.072 1)	(0.074)	(0.025 5)	(0.025 3)	(0.110 9)	(0.123 8)
户均家庭人口数	0.023 9***	0.032 7***	0.012 1**	0.009 4**	0.127 1**	0.121 9**
	(0.013 9)	(0.014 5)	(0.028 9)	(0.029 8)	(0.053 3)	(0.055 8)
人均常用耕地面积	0.000 4	0.000 5	0.002 5	0.002 2	0.001 4	0.001 4
	(0.000 7)	(0.001 4)	(0.005 8)	(0.003 9)	(0.011 7)	(0.013 9)
每亩化肥施用量	0.028 7**	0.029 5**	0.022 5	0.021 7	0.034 5**	0.034 8**
	(0.013 3)	(0.013 6)	(0.021 5)	(0.021)	(0.013 5)	(0.014 4)
亩均农业机械动力	0.033 7***	0.035 4***	0.010 3***	0.012 9***	0.033 5*	0.036 9*
	(0.012 9)	(0.013 2)	(−0.011 4)	(0.012 1)	(0.023 5)	(0.022 2)
常数项	5.470 6***	6.496 3***	7.430 3***	7.425 7***	7.057 5**	6.915 7***
	(0.061 9)	(0.059 6)	(0.079)	(0.076 4)	(0.098 5)	(0.165 8)
年份	控制		控制		控制	
县(市、区)	控制		控制		控制	
观测值	710	710	420	420	290	290
调整后 R^2	0.899 1	0.899 1	0.900 9	0.900 9	0.899 1	0.899 1

注:*,** 和 *** 分别表示在 10%、5% 和 1% 的水平上显著;括号内数字为标准差。

分区域看,在粮食主产区和非粮食主产区的固定效应模型也与前文分析结果一致[①]。无论是粮食主产区还是非粮食主产区,都通过显著性检验。但是在粮食主产区,粮食直接补贴的估计系数为负值,意味着随着粮食补贴资金的增加,农民收入将减少。产生这种情况的主要原因在于,在粮食主产区,政府积极对农业补贴

---

① 2013 年我国农村居民人均工资性收入为 3 652.5 元,到 2015 年增加至 4 600.3 元;2013 年我国农村居民人均农业经营净收入为 2 160 元,到 2015 年为 2 412.2 元;农村工资性收入占可支配收入的比重从 2013 年的 0.387 提高到 2015 年的 0.402 7;农村居民人均农业经营性收入占人均可支配收入的比重由 2013 年的 0.229 下降到 2015 年的 0.211。

进行宣传和实施,农业生产条件和技术较好,耕地资源丰富,补贴会促使部分在外务工和从事其他非农生产的农民偏向于回家种粮。然而,目前工资性收入占农民收入的比重逐年提高,农业经营性收入占农民收入比重逐年下降,从而可能发生粮食收益水平比以前工资性收入水平低的现象,导致农民收入水平下降。在非粮食主产区,粮食直接补贴的估计系数为正,表明随着粮食补贴资金的增加,农民收入将增加。非粮食主产区耕地质量不高,加之资源匮乏,农业生产条件不好,补贴不会促使在外务工和从事其他非农业生产的农民回家种粮。这是由于他们考虑种粮收益不高,偏向于继续从事补贴发放前的工作,从而使粮食补贴成为农户的转移性收入,直接增加了农户收入。

此外,无论是在粮食主产区还是在非粮食主产区,第一产业占 GDP 比重、户均家庭人口数及亩均农业机械动力都通过显著性检验。非粮食主产区的户均家庭人口数和亩均农业机械动力对农民收入的正影响明显远大于粮食主产区;非粮食主产区的第一产业占 GDP 比重对农民收入的负影响也远大于粮食主产区。

2)稳健性检验

为进一步验证上述结果具有稳健性,我们在多元回归模型中引入农民收入的一阶滞后项,形成一个动态面板数据模型。表4.9 给出的系统广义矩估计结果固定效应模型和系统广义矩估计结果中的解释变量的符号与显著性基本一致,说明本书结论对不同的计量回归方法是稳健的。从检验结果上看,AR(1)检验的 P 值均小于0.1,表明残差项存在显著的一阶自相关,而 AR(2)检验的 P 值均大于0.5,表明残差项不存在二阶自相关,符合模型的设定条件;Sargen 检验的 P 值均大于0.1,表明残差项与解释变量不相关,工具变量是合理的。另外,表4.9 中一阶滞后农民收入项的估计结果表明,农民收入存在显著的持续性特征。因此,上述结果再次证实了本章实证结果具备稳健性。

表4.9 粮食直接补贴对农民收入影响的稳健性检验结果

解释变量	整体 GMM		粮食主产区		非粮食主产区	
	(1)	(2)	(3)	(4)	(5)	(6)
亩均粮食直补	0.003 5*** (−0.011 5)		−0.000 8** (−0.001 2)		0.008 5*** (−0.067 5)	
户均粮食直补		0.001 7*** (−0.002 5)		−0.000 5** (−0.001 7)		0.009 6*** (−0.031 9)

续表

解释变量	整体 GMM		粮食主产区		非粮食主产区	
	(1)	(2)	(3)	(4)	(5)	(6)
城镇化率	0.000 1 ***	0.000 1 ***	0.165 0 **	0.165 9 **	0.000 1 ***	0.000 1 ***
	(0)	(0)	(0.075)	(0.075 3)	(0)	(0)
第一产业占GDP 比重	−0.048 3 ***	−0.051 1 ***	−0.084 4 **	−0.074 0 **	−0.128 4 ***	−0.119 9 ***
	(0.167 2)	(0.175)	(0.041 5)	(0.042 1)	(0.214 9)	(0.179 6)
农业从业人员占比	−0.120 4 **	−0.117 1 **	−0.040 1	−0.042	−0.202 6 ***	−0.184 6 **
	(0.054 8)	(0.053 7)	(0.033 5)	(0.023 5)	(0.066 5)	(0.060 5)
户均家庭人口数	0.008 0 ***	0.010 9 ***	0.004 0 **	0.003 1 **	0.042 4 **	0.040 6 **
	(0.004 5)	(0.004 8)	(0.009 6)	(0.009 9)	(0.017 8)	(0.018 6)
人均常用耕地面积	0.000 3	0.000 3	0.001 5	0.001 4	0.000 8	0.000 8
	(0.000 5)	(0.000 8)	(0.003 6)	(0.002 5)	(0.007 4)	(0.008 7)
化肥施用量	0.048 4 ***	0.053 ***	0.010 7	0.010 9	0.078 6 ***	0.082 8 ***
	(0.018)	(0.018 5)	(0.016 9)	(0.017 4)	(0.019 3)	(0.023 6)
亩均农业机械动力	0.004 8 ***	0.005 1 ***	0.001 5 ***	0.001 8 ***	0.004 8 *	0.005 3 *
	(0.001 8)	(0.001 9)	(0.001 6)	(0.001 7)	(0.003 4)	(0.003 2)
滞后一期农民收入	0.710 4 **	0.710 4 ***	0.779 4 ***	0.781 4 ***	0.679 2 ***	0.659 2 ***
	(0.107 9)	(0.106 8)	(0.024 8)	(0.019 9)	(0.153 1)	(0.147 1)
常数项	1.818 3 *	1.823 9 **	1.016 8 ***	1.026 8 ***	1.666 9	1.911 2 **
	(0.144 3)	(0.231 7)	(0.158 3)	(0.178 6)	(0.057 5)	(0.886 1)
年份	控制		控制		控制	
县(市、区)	控制		控制		控制	
观测值	639	639	378	378	261	261
AR(1)检验 P 值	0.003 9	0.003 7	0.005 3	0.005 4	0.004 9	0.006 3
AR(2)检验 P 值	0.456 4	0.434 5	0.421 8	0.488 2	0.561 8	0.587 3
Sargen检验 P 值	0.254 5	0.269 1	0.373 6	0.389 1	0.466 4	0.477 3

注:*,** 和 *** 分别表示在 10%、5% 和 1% 的水平上显著;括号内数字为标准差。

4.4 本章小结

本章首先对湖北省粮食直接补贴政策的演变历程、实施现状及执行情况进行了回顾,然后基于第3章提出的农业补贴经济效应的理论命题(理论分析),以及在分析粮食直接补贴对其预期目标(粮食作物播种面积和农民收入)影响的基础上,提出相应的研究假说与推论。其次,先通过描述性统计分析对粮食直接补贴金额与粮食作物播种面积和农民收入之间的关系进行分析;随后为进一步准确估计粮食直接补贴资金对粮食作物播种面积和农民收入的影响,控制了其他影响因素,采用固定面板效应模型,从湖北省整体、粮食主产区、非粮食主产区三个角度分别实证分析了粮食直接补贴政策对粮食作物播种面积、农户收入的影响。最后,采用系统广义矩估计进行稳健性分析。通过实证分析,本章得到如下结论:

(1)粮食作物播种面积方面,湖北省总体、粮食主产区、非粮食主产区粮食直接补贴对农户的粮食作物播种面积的影响并不显著,但大部分系数符号为正,表明粮食直接补贴政策对粮食作物播种面积具有一定的积极作用。粮食直接补贴发生在农户播种之后,因此,粮食直补整体上对粮食作物的播种面积没有显著的影响。与此同时,由于粮食直补过程中政策脱钩,虽然减轻了统计成本,但补贴规模的固化在一定程度上无法调动农户的积极性,粮食主产区无法通过粮食直补扩大粮食作物的种植面积。另外,在非粮食主产区,农户往往选择稳定或者减少农业的投资,导致粮食直补间接被转移到其他行业。因此在非粮食主产区,粮食直补无法发挥相应的作用,从而对粮食作物的播种面积没有显著影响。

(2)农户收入方面,湖北省总体、非粮食主产区粮食直补对农村居民人均收入的影响为正,然而粮食主产区粮食直接补贴对农民收入的影响为负。粮食直补作为收入性补贴,对农户收入增加具有促进作用。然而通过分析我们发现,粮食直接补贴虽然对农户具有正向作用,但对提高农户收入的作用却非常小。一方面,粮食直接补贴的补贴力度比较小,对农户的实际收入的影响甚微,在一定程度上无法满足农村年轻劳动力的需求;另一方面,农村年轻劳动力普遍以工资性收入为主,因此,他们对农业的关心和投入力度有所下降。

5 农资综合补贴政策经济效应分析

5.1 政策实践与研究假说

5.1.1 政策实践

农资综合补贴是考虑到国家调整成品油价格对化肥、柴油等农资价格上涨的影响,为了弥补成品油等农资生产资料价格上涨对农业生产成本上升带来的不利影响,直接给予农民的补贴,其直接目标是弥补农民化肥、柴油等粮食生产要素价格的上涨,从而调动农民种粮积极性,促进粮食生产增加,促进农业机械化,提高农民收入水平。

2006—2007 年,湖北省开始对种粮农户农业生产资料实行综合直补。根据2006 年省财政《关于对种粮农民柴油化肥等农业生产资料增支实行综合直补的实施意见》,农资综合补贴按播种面积和粮食产量(以《湖北农村统计年鉴》为依据,按早稻、中稻、晚稻、小麦和玉米播种面积和产量确定,每亩补助 10 元)综合测算种粮农民柴油、化肥等农业生产资料增支补贴款,并非按柴油、化肥等单项农业生产资料价格变动计算,该政策表明农资综合补贴可能影响播种面积。核对补贴金额后,新增补贴资金由中央财政预算安排,设"综合直补资金"专账,运用"一折通"通过粮食风险基金专户逐级拨付,省财政一次性将补贴资金全部拨付到县(市、区),县(市、区)财政部门一次性将补贴发放到农户。这将直接导致农户收入增加,并且农业生产资料投资的相对减少可能提高农户种粮积极性,进一步增加农户农业收入。

2008 年,省政府坚持"综合算账、突出重点、兼顾公平、直补粮农"原则,继续对种粮农民实行农资综合直补政策。2007 年的补贴资金不变,每亩补贴 15 元,新增补贴资金按 2005—2007 年的粮食(稻谷、小麦、玉米)播种面积、粮食产量、粮食商品量测算,向粮食作物播种面积大、产粮多、商品量高的地区倾斜。同时适当提高了 2007 年分配补贴资金亩平标准过低的县(市、区)的补贴金额和非粮食主产区的补贴标准,缩小补贴差距,促进补贴公平。乡(镇)财政所在本县(市、区)政府确定发放"一折通"的金融机构开设农资综合直补资金专户,农资综合直补资金专户管理、专账核算、封闭运行。

2009 年,在坚持"集中使用、省长负责;突出重点、一次性补助;农户受益、奖补结合"原则下,新增农资综合补贴集中用于粮食基础能力建设。根据党的十七届三中全会作出的《中共中央关于推进农村改革发展若干重大问题的决定》和《中共中央国务院关于 2009 年促进农业稳定发展农民持续增收的若干意见》(中发〔2009〕1 号)等文件精神,农资综合补贴动态调整机制从 2009 年开始实施,新增农资综合补贴重点用于三个方面:①建设小型农田水利等基础设施,如田间沟渠疏浚、抗旱排涝设施建设等;②对种粮大户农田水利等基础设施投入予以适当奖励;③推广深松整地等保护性耕作方式。新增农资综合补贴分配因素以粮食作物播种面积、产量、商品量等粮食生产方面的因素为主,中央财政分配到省(区、市)的新增补贴资金由各省级人民政府包干使用。

2010—2011 年,省政府按照统一补贴范围、统一补贴品种、统一补贴标准、统一补贴时限、统一发放程序的要求,继续推行农资综合直补政策。2010 年《对种粮农民直接补贴和农资综合直补工作的实施意见》中提到,2010 年农资综合直补品种与 2009 年确定的补贴品种保持一致;2010 年农资综合直补资金根据全县(市、区)统一的补贴标准和种粮农户 2009 年粮食实际种植面积一次性兑付到农户。2011 年按照 2010 年的基数补贴。另外,从 2010 年 4 月起,加强了对实际耕地面积的核算与监督,各地开始核实农民粮食实际种植面积,做到边种边核边上报,由乡镇财政所对核实后面积及时登记造册,保证农户实际种植面积的真实、准确,对实际种植面积与承包面积不一致的农户,农资综合补贴会受到影响。

2012 年,继续坚持"五统一"的发放原则,规范补贴面积、范围和对象。统一补贴范围,补贴对象为所有种粮农民及国有农场和农牧渔良种场的粮食生产者;统一补贴品种为稻谷、小麦、玉米;统一补贴标准,按照上年度核实的粮食实际种植面积;统一补贴时限,在全省统一规定时限前将资金一次性兑付到农民手中;统一补贴程序,由县级财政部门通过县级金融机构将补贴资金打入农户的"一折通"。同年 8 月,省财政厅《关于拨付 2012 年新增对种粮农民农资综合补贴资金的通知》中提到,新增农资综合补贴资金的分配依据如下:第一,根据 2011 年"中国农民补贴

网"数据,对 2011 年发放标准低于全省平均水平 51 元/亩的县,补到 5 151 元/亩;第二,剩余资金以《湖北省农村统计年鉴》中各县(市、区)2008—2010 年这 3 年的小麦、稻谷、玉米平均播种面积为基数进行分配。

2013 年至今,湖北省主要是根据 2012 年印发的《省财政厅、省农业厅、省农村综改办、省监察厅、省银监局关于进一步做好完善我省对种粮农民直接补贴工作实施意见的通知》的要求,贯彻执行农业补贴工作。鼓励各地尽可能将粮食直补、农资综合补贴、良种补贴合并发放,鼓励各地探索按粮食实际播种面积发放补贴资金,形成补贴资金同粮食生产挂钩机制,将已种粮未补贴耕地纳入补贴范围,体现谁种粮谁得补贴、多生产粮食多得补贴,将每个村每个农户的补贴面积、补贴标准、补贴金额进行公示,接受群众监督。

综上所述,湖北省农资综合补贴政策的制定和实际执行情况如表 5.1 所示。从中可以清晰地看出,实际执行过程中,农资综合补贴均是按照农户的承包面积进行补贴的。

表 5.1 2006—2015 年湖北省各县农资综合补贴政策情况

年份	补贴总额/亿元	补贴标准/(元·亩$^{-1}$)	补贴品种	补贴对象	补贴依据(政策文件)	补贴依据(实际执行)
2006	5.18	10	水稻、小麦、玉米	所有生产者	粮食实际种植面积	土地承包面积
2007	11.03	15	同上	同上	同上	同上
2008	27.43	38.3	同上	同上	同上	同上
2009	27.41	40	同上	同上	同上	同上
2010	27.41	38	同上	同上	同上	同上
2011	32.36	51	同上	同上	同上	同上
2012	40.36	51	同上	同上	同上	同上
2013	40.65	60	同上	同上	同上	同上
2014	40.65	60	同上	同上	同上	同上
2015	32.27	48	同上	同上	同上	同上

数据来源:作者搜集整理。

5.1.2 研究假说

农资综合补贴是为弥补农民因种粮成本上涨而受到的损失、降低其种粮成本,而直接给予农民的补贴,其直接目标是弥补农民化肥、柴油等粮食生产要素价格的上涨。柴油和化肥在农资成本中所占比例较大,柴油和化肥增支是导致农民种粮农资支出增加的主要因素。柴油是农业机械化的动力能源,是农业机械用能消耗的主体,是推进中国农业现代化进程和保障中国农业生产的重要能源。从理论上讲,中央政府对种粮农民发放农资综合补贴资金,相当于使柴油和化肥等种粮生产资料相对价格下跌,从而鼓励农民购买柴油和化肥等生产要素,推动农业生产中柴油生产要素对劳动要素的替代,有利于促进我国增加农业机械动力,加快我国农业现代化的进程。

根据上述分析,结合第 3 章提出的理论分析框架,本章提出如下农资综合补贴的相关研究假说(推论):

假说 5.1(农资综合补贴对农业机械化的影响):农资综合补贴降低了农资的持有与使用的价格,尤其是农业机械,这将提高农业机械等农业装备技术的应用,提高农业机械化率。

假说 5.2(农资综合补贴对粮食作物播种面积的影响):农资综合补贴不会必然改变粮食与其他作物的种植成本对比,对种植结构不产生必然影响。因此,农资综合补贴对粮食作物播种面积的影响方向是不明确的,增加、减少和不变的可能性都存在,两者不存在必然联系。

推论 5.3(农资综合补贴对农户收入的影响):若假说 5.1 成立,即农资综合补贴提高了农业机械化率,从而提升农业生产效率,这将产生两个效应:一是提高农业综合效益,增加了农业收入;二是农业机械化率的提高,能够解放更多的劳动力从事非农就业,从而提高非农就业收入,综合这两个效应的影响,农资综合补贴政策可增加农民收入。

5.2 农资综合补贴对农业机械化的影响

5.2.1 描述性证据

本节研究农资综合补贴资金对农业机械化的影响。其中,被解释变量为单位耕地机械化动力,用来衡量农业机械化水平;解释变量为单位粮食作物播种面积农资综合补贴和户均农资综合补贴资金,用来衡量农资综合补贴资金拨款情况。

农资综合补贴资金与农业机械化呈正相关关系。本书分别做出 2006—2015 年 71 个县区市单位粮食作物播种面积农资综合补贴资金、户均农资综合补贴资金

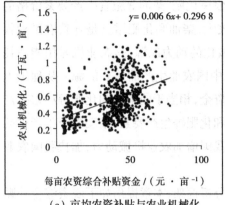

（a）亩均农资补贴与农业机械化

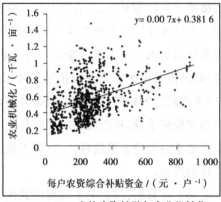

（b）户均农资补贴与农业机械化

图 5.1　农资综合补贴对农业机械化的影响

与农业机械化之间统计意义上的线性关系图（图 5.1）。从图 5.1 中可以看出，单位粮食作物播种面积农资综合补贴资金和户均农资综合补贴资金对农业机械化的影响均是正向的，但影响程度存在一定差异。总体而言，一个地区农资综合补贴资金与该地区的农业机械化呈正相关关系，即随着政府对农资综合补贴资金投入力度加大，农业机械化动力逐渐增加，农业机械化水平会有不同程度的提高。

农资综合补贴资金与粮食主产区和非粮食主产区农业机械化都呈正相关关系。本书分别做出 2006—2015 年粮食主产区和非粮食主产区单位粮食作物播种面积农资综合补贴资金、户均农资综合补贴资金与农业机械化之间统计意义上的线性关系图（图 5.2）。从图 5.2（a）和图 5.2（b）中可以看出，粮食主产区某地区农资综合补贴资金与该地区的农业机械化呈正相关关系，即随着政府对农资综合补贴资金投入力度加大，农业机械化会不同程度增加，农业机械化动力从而也会逐渐增加。从图 5.2（c）和图 5.2（d）中可以看出，非粮食主产区某地区的农资综合补贴资金与该地区的农业机械化呈正相关关系。从图 5.2（a）和图 5.2（c）中可以看出，农资综合补贴资金对粮食主产区和非粮食主产区农业机械化的影响程度差异不大。从描述性证据来看，无论是亩均农资综合补贴金额还是户均农资综合补贴金额，对粮食主产区和非粮食主产区的农业机械化的影响都是正向的，且影响程度差异不大。因此，从政策意义的角度来讲，加大农资综合补贴力度，可以不用重点考虑种粮地域禀赋的差异。

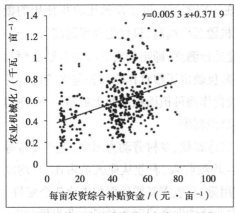

（a）粮食主产区亩均农资补贴与农业机械化

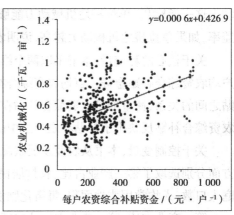

（b）粮食主产区户均农资补贴与农业机械化

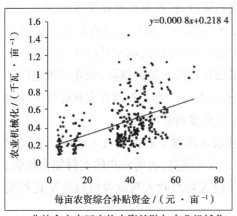

（c）非粮食主产区亩均农资补贴与农业机械化

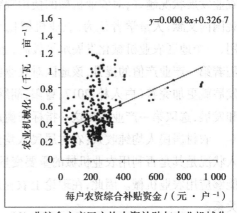

（d）非粮食主产区户均农资补贴与农业机械化

图5.2　粮食主产区与非粮食主产区农资综合补贴对农业机械化的影响

5.2.2　模型与变量

农资综合补贴是针对农户的农业生产资料,尤其是柴油等生产资料的农业补贴,直接目标是降低农户农业生产资料的成本。农资综合补贴的实施,不仅可以直接提高农户对农机的使用,增加农户的农机使用频率,而且农资综合补贴的"财富效应"可以进一步提高农户对劳动力的购买需求,从而增强农业机械对农户劳动的替代程度,解放农村劳动力,提升机械化率。

考虑到农业机械化率指标的可比性及数据的可得性,本书采用单位耕地机械

动力这一指标①。单位耕地机械动力能够在一定能够程度上反映出农机使用的覆盖率,如果单位耕地机械动力越高,说明农机覆盖率越高,机械化程度越高。

关于核心解释变量,本书采取两个维度进行测度,即亩均农资综合补贴金额和户均农资综合补贴金额。亩均农资综合补贴反映出了粮食作物面积与农资综合补贴之间的关系,衡量的是农资综合补贴在粮食作物种植面积层面上的覆盖率;户均农资综合补贴反映出了补贴在农户之中的覆盖程度。

关于控制变量,本书从农业发展状况、耕地禀赋、乡村劳动力因素、生产要素等方面分别选取了第一产业占比、农村居民人均纯收入、农业从业人员占比、户均家庭人口数、人均常用耕地面积、每亩化肥使用量、有效灌溉耕地面积占比7个变量。

第一产业占比:第一产业占比从宏观农业经济发展层面衡量了农业发展状况,农业发展状况越好,对农业机械的使用频繁程度越高,农业机械化程度越深入。纵观国内文献,大量学者认为,农业机械化水平与第一产值产出具有相互促进的作用,一个地区农业机械化发展水平较高,相应第一产业产值就相对较高;与此同时,随着第一产业产值的提升,该地区对农业机械化的需求量也越高,农业机械化市场发展就更加完善(白人朴,2017;曹阳,胡继亮,2010)。本书对原有文献进行了继承和发展,选取第一产业占比这一指标来衡量农业发展状况。

农村居民人均纯收入:农村居民人均纯收入度量了农民的收入状况。农民收入状况是其是否利用农业机械的重要变量。收入越高,表明农户的支付能力越强,能够应用农业机械。因此,在理论上农村居民人均纯收入与农业机械化呈正相关关系。

农业从业人员占比:乡村劳动力因素分别采用农业从业人员占比和乡村平均家庭人口规模两个因素:农业从业人员占比用农业从事人员与乡村人口的比重来表示,乡村平均家庭人口规模即乡村总人口与乡村户数的比重。乡村劳动力对农业机械化的影响机制应从两个方面来衡量:一是乡村劳动力因素对农业机械这一要素存在替代效应,乡村劳动力越多,从事农业生产人员越多,对农业机械的替代作用越大,农业机械化率越低;二是乡村劳动力在工业化和城镇化的推动力和拉力的作用下,越来越多的农村人口转移进城,因此使用农用机械代替人工进行农业生

---

① 农业机械化一般使用机械化率表示,农业机械化率指农业生产中使用农业机械占农业劳动总量的比例,根据《中国农业机械工业年鉴》,中国农业综合机械化率=0.4×机耕率+0.3×机播率+0.3×机收率,其中,机耕率是指机械耕地面积占耕地总面积的比率,机播率是指机械播种面积占耕地总面积的比率,机收率是指机械收割面积占耕地总面积的比率。但由于湖北县级层面的统计年鉴大部分并没有对机耕面积、机播面积以及机械收割面积进行统计,因此湖北省县级行政单位2006—2015年的农业机械化率不可得,现使用农业总动力即农村用于农业生产的各种农机动力的总和来代替农业机械化率。

产(周振,2016;祝华军,2005)。

户均家庭人口数:户均家庭人口数是指农村每个家庭的平均人口数。户均家庭人口用来度量农村家庭劳动力丰富程度。虽然此指标并非衡量家庭劳动力数量的最佳指标,但苦于劳动力数据难以获取,只能采用此指标间接反映劳动力数量。根据农村现实状况,即便农村老人年龄很大,他们参加劳动的积极性依然很高,因此,此指标可以较好地反映农村家庭劳动力数量。由于家庭劳动人口越多,劳动力也可能越多,因此可能会减少农业机械的运用(周振,2016;祝华军,2005)。

人均常用耕地面积:人均常用耕地面积反映了农户的耕地禀赋与耕地规模情况,农户的耕地规模越大、土地越集中,越倾向于使用便捷高效的农业机械化操作,否则会极大地增加农业生产的各项成本,进而导致农户收益降低,农业种植积极性不高。农业机械化的推进和发展是以土地规模经营为基础和前提的,理论认为,耕地面积与农业机械化正相关,即耕地面积越大,该区域农业机械化越容易推进;相反,如果该区域耕地面积比较分散,呈现碎片化状态,则不利于推进农业机械化(邓晓晴,2018;王水连,2017)。

每亩化肥使用量:就生产要素而言,化肥的使用是对劳动投入的替代,该部分运用每亩化肥施用量这一指标来衡量土地生产的效力。劳动力、土地、技术等生产要素对农业机械化的推进和发展起到重要的影响作用。随着生物技术和化学科技的发展,化肥、农药极大解放了土地对劳动力的束缚,依据数据可获得性、有效性原则,本书选择每亩化肥使用量来衡量除劳动力、土地等其他生产资料对农业机械化的影响。理论认为,每亩化肥施用量与农业机械化呈正相关关系,每亩化肥使用量越多,需要人工的投入量越多,而机械作为人工的重要替代工具,发挥着重要的作用(潘晓峰,2017;杨进,2015)。本小节的数据来源同上章。

有效灌溉耕地面积占比:有效灌溉面积占比是指有效灌溉耕地面积占总耕地面积的比例。由于生长特性不同,不同的农作物对水的需求量具有显著的差异。例如,粮食作物中的水稻需水量最多,其次是玉米,再次是小麦等。经济作物、蔬菜、瓜果需水量也具有显著的差异。有效灌溉面积越多,就越能支持需水量大的农作物。一般而言,经济作物,如瓜果蔬菜,需水量大,适合精耕细作。因此,有效灌溉耕地面积占比对粮食作物播种面积比例可能存在负面影响。

为了反映农资综合补贴对农业机械化水平的影响,本小节构建如下计量模型:

$$y_{it} = \beta_0 + \beta_1 S_{it} + \beta_2 AOG_{it} + \beta_3 INC_{it} + \beta_4 ROA_{it} +$$
$$\beta_5 FS_{it} + \beta_6 LAN_{it} + \beta_7 FER_{it} + \beta_8 IRRI_{it} + \varepsilon_{it}$$

其中,y_{it}为单位耕地机械化动力;S_{it}为亩均农资综合补贴资金、户均农资综合补贴资金;AOG_{it}为第一产业占GDP比重;INC_{it}为农民人均纯收入;ROA_{it}为农业从业人

员占比,用农业从业人员占乡村从业人员比重表示;FS_{it} 为户均家庭人口数,即平均每户家庭中有多少人口,用乡村总人口除以乡村户数表示;LAN_{it} 为人均常用耕地面积;FER_{it} 为每亩化肥使用量;$IRRI_{it}$ 为有效灌溉耕地面积占比,用有效灌溉耕地面积占耕地面积的比重表示。具体如表5.2所示。

表5.2   农资综合补贴对农业机械化影响研究的变量选取

变量	符号	单位	变量定义及说明	预期方向
被解释变量				
单位耕地机械动力	y	（千瓦·时）/亩	单位耕地机械化动力=农业机械总动力/农作物播种面积	
核心解释变量				
亩均农资综合补贴资金	S_3	元/亩	亩均农资综合补贴资金=农资综合补贴资金/粮食作物播种面积	+
户均农资综合补贴资金	S_4	元/户	户均粮食直接补贴资金=农资综合补贴资金/乡村户数	+
控制变量				
社会经济环境类				
第一产业占比	AOG	%	第一产业占比=第一产业产值/GDP 总值	+
农村居民人均纯收入	INC	元	农村居民人均年收入	+
农业从业人员占比	ROA	%	农业从业人员占比=农业从业人员/乡村从业人员	
土地、劳动、机械等禀赋类				
户均家庭人口数	FS	人/户	户均家庭人口数=乡村总人口/乡村户数	
人均常用耕地面积	LAN	亩/人	人均常用耕地面积=常用耕地面积/乡村农业从业人员	+
每亩化肥使用量	FER	吨/亩	每亩化肥使用量=粮食作物化肥使用总量/粮食作物播种面积	+
有效灌溉耕地面积占比	$IRRI$	%	有效灌溉耕地面积占比=有效灌溉耕地面积/耕地总面积	+

5.2.3　计量结果与讨论

鉴于面板数据可能存在序列相关和截面异方差等问题,本小节采用对序列相关、截面异方差都稳健的可行广义最小二乘法进行参数估计。由表5.3可知,整体样本的估计结果与前文讨论的描述性分析结果是一致的。

农资综合补贴对农业机械化的使用有正影响。农资综合补贴特别是农机、柴油等生产资料的补贴对农业机械化的发展具有重大的推动作用。无论是亩均农资综合补贴还是户均综合补贴对农业机械化都在1%水平上正显著,即亩均农资综合补贴每增加1元,每亩农业机械化将提升0.000 2千瓦·时;户均综合补贴每增加1元,每亩农业机械化将提升0.000 2千瓦·时。这说明农资综合补贴对农业机械化有积极的促进作用,从实证角度印证了假说5.1的正确性。

控制变量中,第一产业占GDP比重在1%水平上正显著。在模型(1)下,第一产业占GDP比重每增加1个百分点,每亩农业机械化将提升0.028 5千瓦·时;在模型(2)下,第一产业占GDP比重每增加1个百分点,每亩农业机械化将提升0.025 9千瓦·时。这说明农业在湖北省经济中所占比例越高,湖北省经济发展对农业的依赖性就越强,政府制定区域发展规划时就越偏向农业政策,从而促使农业机械化提高。

农村居民人均纯收入在1%水平上正显著。在模型(1)下,农村居民人均纯收入每增加1元,每亩农业机械化将提升0.105千瓦·时;在模型(2)下,农村居民人均纯收入每增加1元,每亩农业机械化将提升0.143 1千瓦·时。这说明农村居民人均纯收入越高,农业机械化程度越高。

人均常用耕地面积在1%水平上正显著。在模型(1)下,人均常用耕地面积每增加1亩,每亩农业机械动力将提升0.000 5千瓦·时;在模型(2)下,人均常用耕地面积每增加1亩,每亩农业机械动力将提升0.000 4千瓦·时。这说明,人均常用耕地面积越多,农业机械化水平越高。

每亩化肥使用量在所有控制变量中对农业机械化影响的程度最大,且在1%水平上正显著。在模型(1)下,每亩化肥使用量每增加1吨,每亩农业机械动力将提升0.237 9千瓦·时;在模型(2)下,每亩化肥使用量每增加1吨,每亩农业机械动力将提升0.184 9千瓦·时。这说明,化肥使用量增加将带动粮食产量的提高,农业机械化水平也会进一步提高。目前粮食生产对农药、化肥投入量的依赖性还是比较显著,然而农药、化肥在促进粮食增产的同时还暴露出更加强烈的环境问题。在环境资源约束趋紧和农业污染加重的背景下,各地区都应响应现代农业的

发展要求,坚持走绿色、可持续发展道路,未来农业应降低对农药、化肥投入量的依赖程度。

分区域看,无论在粮食主产区还是在非粮食主产区,农资综合补贴都在1%水平上正显著,这与前文理论分析一致。在粮食主产区中,农资综合补贴对农业机械化的影响大于非粮食主产区,这与实际情况相符合。其主要原因在于粮食主产区农业生产条件和技术较好,耕地资源丰富,耕地流转和各类新型农业经营主体的涌现速度都明显快于非粮食主产区;再加上农资综合补贴的促进作用,使农资综合补贴对粮食主产区的影响大于非粮食主产区。

在粮食主产区,第一产业占比、户均家庭人口数、人均常用耕地面积和每亩化肥使用量在1%水平上正相关;但在非粮食主产区,第一产业占比、户均家庭人口数、人均常用耕地面积和每亩化肥使用量在1%显著性水平上负相关。

农资综合补贴对农业机械化影响的广义最小二乘法估计结果如表5.3所示。

表5.3　农资综合补贴对农业机械化影响的 FGLS 估计结果

解释变量	整体		粮食主产区		非粮食主产区	
	(1)	(2)	(3)	(4)	(5)	(6)
亩均农资	0.000 2 ***		0.000 3 ***		0.000 1 ***	
	(0.031 1)		(0.025 8)		(0)	
户均农资		0.000 2 ***		0.000 2 ***		0.000 1 ***
		(0.019 3)		(0.023 6)		(0)
第一产业占比	0.028 5 ***	0.025 9 ***	0.140 2 **	0.135 3 **	−0.011 6 ***	−0.008 7 ***
	(0.077 4)	(0.069 1)	(0.059 5)	(0.053 4)	(0.066)	(0.061 3)
农村居民人均纯收入	0.105 ***	0.143 1 ***	0.052 5 **	0.040 6 **	0.555 8 **	0.533 1 **
	(0.059 6)	(0.063 2)	(0.126 4)	(0.13)	(0.233 8)	(0.244 5)
农业从业人员占比	0.014 1 ***	0.023 ***	0.263 6 ***	0.142 4 ***	0.016 4 ***	0.008 4 ***
	(0.029 8)	(0.044 3)	(0.045 8)	(0.043 1)	(0.041 8)	(0.051 1)
户均家庭人口数	0.010 1 *	0.009 4 *	0.024 2 **	0.019 6 **	−0.010 4 **	−0.009 2 **
	(0.011 6)	(0.016 2)	(0.010 8)	(0.018)	(0.017 6)	(0.018 1)
人均常用耕地面积	0.000 5 ***	0.000 4 ***	0.023 6 ***	0.014 5 ***	−0.002 1 ***	−0.002 8 ***
	(0.001 9)	(0.001 9)	(0.002 2)	(0.002 6)	(0.004 7)	(0.005 8)
每亩化肥使用量	0.237 9 ***	0.184 9 ***	0.685 3 ***	0.582 7 ***	−0.092 9 ***	−0.084 ***
	(0.258 2)	(0.258 6)	(0.239 9)	(0.244 3)	(0.295 6)	(0.342 2)

解释变量	整体		粮食主产区		非粮食主产区	
	(1)	(2)	(3)	(4)	(5)	(6)
有效灌溉耕地面积占比	0.024 1	0.026 7	0.017 3	0.022 6	0.012	−0.004 8
	(0.028 6)	(0.028 6)	(0.029 8)	(0.032 2)	(0.025)	(0.021 5)
常数项	0.035 8 ***	0.026 9 ***	0.030 2 ***	0.026 8 ***	0.062 5 ***	0.082 1 ***
	(0.046 9)	(0.053 1)	(0.061 3)	(0.063 7)	(0.063 5)	(0.081 6)
年份	控制		控制		控制	
县(区)	控制		控制		控制	
观测值	710	710	420	420	290	290
Wald	1 135.458 7	1 444.385 3	886.339 4	682.981 7	195.045 9	236.972 5
r	0.368 4	0.304 3	0.326 4	0.217 7	0.532 5	0.359 8

注:* , ** 和 *** 分别表示在 10%、5% 和 1% 的水平上显著;括号内数字为标准差;由于 FGLS 估计的 R^2 不能用,本章报告了因变量预测值与实际值的相关系数,用 r 表示。

5.3 农资综合补贴对粮食作物播种面积的影响

5.3.1 描述性证据

本节研究农资综合补贴对粮食作物播种面积的影响。其中,被解释变量为粮食作物播种面积占农作物播种面积的比重,核心解释变量为单位粮食作物播种面积农资综合补贴、户均农资综合补贴资金,用来衡量农资综合补贴资金拨款情况。

农资综合补贴与粮食作物播种面积之间不相关。本书分别做出 2006—2015 年 71 个县区市单位粮食作物播种面积农资综合补贴资金和户均农资综合补贴资金与粮食作物播种面积之间统计意义上的线性关系图(图 5.3)。从图 5.3 中可以看出,亩均农资综合补贴资金与粮食作物播种面积存在着微弱的负相关关系,户均农资综合补贴资金与粮食作物播种面积存在极小的正相关关系,亩均和户均农资综合补贴资金对粮食作物播种面积的影响存在着一定的差异性。但由于亩均和户均农资综合补贴资金均与粮食作物播种面积之间的系数非常小,整体而言,农资综合补贴资金与粮食作物播种面积之间不相关,即随着粮食直接补贴资金的增加,粮食作物播种面积

不会增加或者减少。

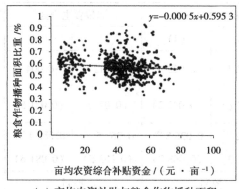

(a) 亩均农资补贴与粮食作物播种面积

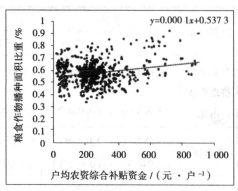

(b) 户均农资补贴与粮食作物播种面积

图5.3　农资综合补贴对粮食作物播种面积的影响

农资综合补贴与粮食主产区粮食作物播种面积之间不相关,与非粮食主产区粮食作物播种面积呈负相关关系。本书分别做出 2006—2015 年湖北省粮食主产区、非粮食主产区粮食播种单位面积的农资综合补贴资金和户均农资综合补贴资金与粮食作物播种面积占农作物播种面积比重之间统计意义上的线性关系图(图5.4)。从图5.4(a)和图5.4(b)我们可以看出,亩均和户均农资综合补贴资金与粮食作物播种面积存在着系数极小的正相关,即随着政府对粮食主产区农民发放农资综合补贴资金金额逐渐增加,粮食作物播种面积占农作物播种面积比重变化不大,粮食主产区农资综合补贴资金与粮食作物播种面积之间不相关。同时,亩均和户均农资综合补贴资金对粮食作物播种面积的影响相同。从图5.4(c)和图5.4(d)可以看出,非粮食主产区亩均和户均农资综合补贴资金对粮食作物播种面积的影响程度不同,亩均农资综合补贴资金与粮食作物播种面积呈负相关关系,户均农资综合补贴资金与粮食作物播种面积呈微弱的负相关关系。由于湖北省农资综合补贴以农作物种植面积为补贴对象,整体而言,我们认为非粮食主产区农资综合补贴资金与农作物播种面积呈负相关关系。

5.3.2　模型与变量

本小节选取的被解释变量为粮食作物播种面积比重,是为了反映出在农资综合补贴的作用下,农户种植粮食作物的意愿和效果,即农户的种粮积极性。关于核心解释变量,本小节采取两个维度进行测度,即亩均农资综合补贴金额和户均农资综合补贴金额,进一步探究农资综合补贴金额对粮食作物播种面积的影响。

根据相关理论及文献,本书选取人均常用耕地面积、亩均农业机械动力、粮食

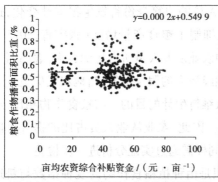

（a）粮食主产区亩均农资补贴与粮食作物播种面积

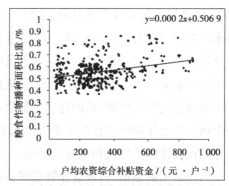

（b）粮食主产区户均农资补贴与粮食作物播种面积

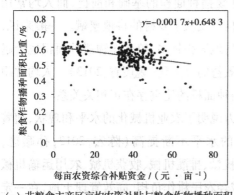

（c）非粮食主产区亩均农资补贴与粮食作物播种面积

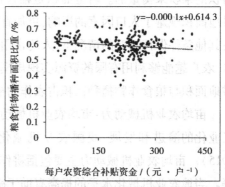

（d）非粮食主产区户均农资补贴与粮食作物播种面积

图5.4　粮食主产区和非粮食主产区农资综合补贴对粮食作物播种面积的影响

价格、农业从业人员占比、有效灌溉耕地面积占比及第一产业占比等指标作为控制变量。具体定义与说明如下：

根据相关理论及文献，本书选取第一产业占比、粮食价格、农业从业人员占比、人均常用耕地面积、亩均农业机械动力、有效灌溉耕地面积占比等指标作为控制变量。具体定义与说明如下：

第一产业占比：狭义的第一产业主要指农业，第一产业产值占 GDP 比重衡量了当地对于农业的依赖程度，或农业对 GDP 的贡献程度（陈小清，2016）。第一产业占比越高，表明当地对农业的依赖程度越高，农民大多靠务农维持生计。其影响机制与农业从业人员占比相似。

粮食价格：理论认为，粮食价格是影响种粮收益的重要变量，粮食价格越高，在其他条件不变情况下，粮食作物播种面积越大；反之，则粮食作物播种面积占比越小。

农业从业人员占比：农业从业人员占比用农业从业人员（农业为主要收入来源）占乡村从业人员的比重来表示。理论认为，在城镇化背景下，农村劳动力进城

务工,随着城市融入政策的改善,进城务工人员的户籍身份将发生根本性变化,这带来的农村劳动力人口减少在一定程度上抑制了粮食产量增加(张宇青,2015)。农业从业人员占比越高,即乡村从业人员中农业从业人员所占比例越大,表明当地农民主要靠务农而非务工维持生计,从理性经济人的假设出发,当地农民应更倾向于种植收益较高的作物,从而达到增加收入维持生计的目的。与粮食作物相比,经济作物与特色作物可能会产生更大的收益。因此,农业从业人员占比的提升可能会导致粮食作物播种面积比重的降低。这同样需通过实证分析进一步检验。

人均常用耕地面积:粮食作物播种面积是由种植粮食作物的复种指数与耕地面积的乘积来衡量的。耕地面积是粮食作物播种面积的基础和前提,而人均常用耕地面积规避了人口因素的影响,更加直接地反映了乡村的耕地禀赋。一般来说,在其他条件保持不变的情况下,人均常用耕地面积越多,粮食作物播种面积也会越多,农户越能够利用有限的资源实现规模效益的最大化(魏茂青,2013)。人均常用耕地面积与粮食作物播种面积占农作物播种面积的比重存在正相关关系。

亩均农业机械动力:亩均农业机械动力说明了农业机械化的水平和现状,随着工业化的演进和发展,我国农业机械化的水平不断提高(陈宏,2012;孙曦恋,2015)。亩均农业机械动力主要包括耕作机械、排灌机械、收获机械、农用运输机械等。当地农业机械化水平的提高有助于减轻农民耕作负担,高效管理土地,在一定范围内可促进粮食作物播种面积的增加。

有效灌溉耕地面积占比:有效灌溉耕地面积占比是指有效灌溉耕地面积占总耕地面积的比例。由于生长特性不同,不同的农作物对水的需求量具有显著的差异。例如,粮食作物中的水稻需水量最多,其次是玉米,再次是小麦等。经济作物、蔬菜、瓜果需水量也具有显著的差别。有效灌溉面积越多,就越能支持需水量大的农作物。一般而言,经济作物,如瓜果蔬菜,需水量大,适合精耕细作。因此,有效灌溉耕地面积占比对粮食作物播种面积比例可能存在负面影响。

为分析农资综合补贴对粮食作物播种面积的影响,本小节构建如下计量模型:

$$y_{it}=\beta_0+\beta_1 S_{it}+\beta_2 AOG_{it}+\beta_3 PRC_{it}+\beta_4 ROA_{it}+$$
$$\beta_5 LAN_{it}+\beta_6 IRRI_{it}+\beta_7 MAC_{it}+\varepsilon_{it}$$

其中,y_{it} 为粮食作物播种面积比重;S_{it} 为亩均农资综合补贴资金、户均农资综合补贴资金;AOG_{it} 表示第一产业比重,即第一产业产值占 GDP 比重;PRC_{it} 表示粮食价格,即小麦、水稻、玉米的市场平均价格;ROA_{it} 表示农业从业人员占比,即农业从业人员占乡村从业人员比重;LAN_{it} 为人均常用耕地面积;$IRRI_{it}$ 表示有效灌溉耕地面积占比,即有效耕地灌溉面积占耕地总面积比重;MAC_{it} 为亩均农业机械动力。具体如表5.4所示。

表5.4 农资综合补贴对粮食作物播种面积影响研究的变量选取及说明

变量	符号	单位	变量定义及说明	预期方向
被解释变量				
粮食作物播种面积比重	y	%	粮食作物播种面积比重=粮食作物播种面积/农作物总播种面积	
核心解释变量				
亩均农资综合补贴资金	S_3	元/亩	亩均农资综合补贴资金=农资综合补贴资金/粮食作物播种面积	?
户均农资综合补贴资金	S_4	元/户	户均粮食直接补贴资金=农资综合补贴资金/乡村户数	?
控制变量				
社会经济环境类				
第一产业占比	AOG	%	第一产业占比=第一产业产值/GDP总值	−
粮食价格	PRC	元/千克	小麦、水稻、玉米的市场平均价格	+
农业从业人员占比	ROA	%	农业从业人员占比=农业从业人员/乡村从业人员	
土地、劳动、机械等禀赋类				
人均常用耕地面积	LAN	亩/人	人均常用耕地面积=常用耕地面积/乡村农业从业人员	+
有效灌溉耕地面积占比	$IRRI$	%	有效灌溉耕地面积占比=有效灌溉耕地面积/耕地总面积	
亩均农业机械动力	MAC	(千瓦·时)/亩	亩均农业机械动力=农业机械总动力/农作物播种面积	+

5.3.3 计量结果与讨论

由表5.5可知,整体样本的估计结果与前文讨论的描述性分析结果是一致的。无论是亩均农资综合补贴还是户均农资综合补贴,都没有通过显著性检验,但农资综合补贴的估计系数为正,表明随着农资综合补贴增加,农业播种面积将增加。但

应注意的是农资综合补贴对农业播种面积的正影响非常小,估计系数值几乎接近0,这说明农资综合补贴对农业播种面积并没有显著影响。从实证角度在一定程度上印证了假说5.2的正确性。

控制变量中,农业从业人员占比在1%水平上负显著,在模型(1)中,农业从业人员占比每增加1个百分点,粮食作物播种面积比重将减少0.017 8个百分点;在模型(2)中,农业从业人员占比每增加1个百分点,粮食作物播种面积比重将减少0.043 0个百分点。这说明目前农业从业人员越多,越不利于粮食作物播种面积的扩大。

表5.5　农资综合补贴对农业播种面积影响的 FGLS 估计结果

解释变量	整体		粮食主产区		非粮食主产区	
	(1)	(2)	(3)	(4)	(5)	(6)
亩均农资	0.000 7		0.001 0		−0.000 8	
	(0.001 8)		(0.002 3)		(0.000 7)	
户均农资		0.000 3		0.000 8		−0.000 5
		(0.000 7)		(0.000 5)		(0.000 9)
第一产业占比	−0.001 1*	−0.000 9*	−0.037 7**	−0.033 4***	0.112 4**	0.128 8*
	(0.085 5)	(0.079 6)	(0.089 7)	(0.085 0)	(0.132 4)	(0.155 9)
粮食价格	0.009 6**	0.012 4***	0.003 3***	0.008 7***	0.010 6**	0.015 9**
	(0.055 2)	(0.072 1)	(0.050 2)	(0.053 3)	(0.055 5)	(0.068 4)
农业从业人员占比	−0.017 8***	−0.043 0***	−0.026 5***	−0.014 2***	−0.133 5**	−0.184 6***
	(0.146 6)	(0.141 6)	(0.306 3)	(0.351 8)	(0.397 2)	(0.503 2)
人均常用耕地面积	0.001 8	0.002 0	0.001 3	0.001 7	0.000 9	−0.000 4
	(0.002 2)	(0.002 2)	(0.002 3)	(0.002 5)	(0.001 9)	(0.001 6)
亩均农用机械动力	0.145 1*	0.124 3	0.231 3*	0.270 3*	−0.338 1*	−0.348 9
	(1.098 6)	(1.090 5)	(1.120 3)	(1.373 5)	(1.152 6)	(1.580 0)
有效灌溉耕地面积占比	−0.113 3*	−0.124 5*	−0.124 5***	−0.100 9***	−0.033 4	−0.037 8
	(0.124 3)	(0.149 2)	(0.139 6)	(0.130 6)	(0.158 7)	(0.165 7)
常数项	0.468 1**	0.538 6***	0.379 0**	0.401 7*	0.607 3**	0.683 9***
	(0.301 4)	(0.319 6)	(0.211 2)	(0.224 2)	(0.331 5)	(0.291 4)

解释变量	整体		粮食主产区		非粮食主产区	
	(1)	(2)	(3)	(4)	(5)	(6)
年份	控制		控制		控制	
县(区)	控制		控制		控制	
Wald	832.02	787.72	1 005.55	1 124.67	324.72	293.53
r	0.33	0.30	0.45	0.45	0.33	0.30

注:*,** 和 *** 分别代表在10%、5%和1%的水平上显著;括号内数字为标准差;由于 FGLS 估计的 R^2 不能用,本书给出因变量预测值与实际值的相关系数,用 r 表示。

有效灌溉耕地面积占比在10%水平上显著负相关,在模型(1)中,有效灌溉耕地面积占比每增加1个百分点,粮食作物播种面积比重将减少0.113 3个百分点;在模型(2)中,有效灌溉耕地面积占比每增加1个百分点,粮食作物播种面积比重将减少0.124 5个百分点。这说明目前有效灌溉耕地面积占比越多,越不利于播种面积的扩大。第一产业占比也在10%水平上负显著,在模型(1)中,第一产业占比每增加1个百分点,粮食作物播种面积比重将减少0.001 1个百分点;在模型(2)中,第一产业占比每增加1个百分点,粮食作物播种面积比重将减少0.000 9个百分点。这说明第一产业占比越高,越不有利于播种面积的扩大。

粮食价格,在模型(1)中,它在5%水平上显著正相关,粮食价格每千克上涨1元,粮食作物播种面积占比将增加0.009 6个百分点;在模型(2)中,粮食价格在1%水平上显著正相关,粮食价格每千克增加1元,粮食作物播种面积比重将增加0.012 4个百分点。这说明粮食价格越高,粮食作物播种面积占比越高。农用机械动力在模型(1)中,它在10%水平上显著正相关,每亩农业机械动力每增加1千瓦·时,粮食作物播种面积占比将增加0.145 1个百分点;在模型(2)中,它与播种面积正相关,但不显著。

分区域看,无论是在粮食主产区还是在非粮食主产区,农资综合补贴对播种面积的影响都未通过显著性检验。在粮食主产区,亩均农资综合补贴和户均农资综合补贴均对农业播种面积具有正影响,但影响系数非常小,接近于0,这与理论假设相一致,即在粮食主产区农资综合补贴对农业播种面积没有影响。在非粮食主产区,亩均农资综合补贴和户均农资综合补贴均对农业播种面积具有负影响,这与前文分析也一致,但由于未通过显著性检验,则可知农资综合补贴对非粮食主产区播种面积也没有影响。此外,农用机械动力在粮食主产区对播种面积具有正影响,

而在非粮食主产区对播种面积具有负影响;第一产业占比在粮食主产区对播种面积的影响为负,而在非粮食主产区对播种面积的影响为正。这种差异在很大程度上是由粮食主产区和非粮食主产区粮食生产条件造成的。

5.4　农资综合补贴对农民收入的影响

5.4.1　描述性证据

本节研究农资综合补贴投入情况对农民收入的影响。其中,被解释变量为农村居民人均纯收入;核心解释变量为单位粮食作物播种面积农资综合补贴资金、户均农资综合补贴资金,用来衡量农资综合补贴资金拨款情况。

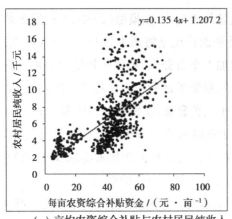

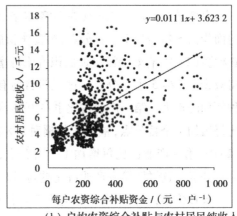

（a）亩均农资综合补贴与农村居民纯收入　　　（b）户均农资综合补贴与农村居民纯收入

图5.5　农资综合补贴对农村居民纯收入的影响

农资综合补贴与农民收入呈正相关关系。本书分别做出2006—2015年71个县区市单位粮食作物播种面积农资综合补贴资金、户均农资综合补贴资金与农村居民人均纯收入之间统计意义上的线性关系图(图5.5)。从图5.5中可以看出,单位粮食作物播种面积和户均农资综合补贴资金对农民收入的影响程度存在一定差异,但总体上,一个地区农资综合补贴资金与该地区的农民收入呈正相关关系,即随着政府对农资综合补贴资金投入金额增加,农民收入水平也会相应地增加。

农资综合补贴与粮食主产区和非粮食主产区农民收入都呈正相关关系。本书分别做出2006—2015年粮食主产区和非粮食主产区,单位粮食作物播种面积农资综合补贴资金、户均农资综合补贴资金与农村居民人均纯收入之间统计意义上的线性关系图(图5.6)。从图5.6(a)和图5.6(b)中可以看出,亩均和户均农资综合补贴资金对农民收入的影响存在着一定的差异,但整体上,粮食主产区农资综合补贴资金与该地区的农民收入呈正相关关系。从图5.6(c)和图5.6(d)中可以看出,非粮食主产区某地区的农资综合补贴资金与农民收入也呈正相关关系,即政府对农资综合补贴资金投入力度加大,农民收入也会不同程度增加。从图5.6(a)和图5.6(c)中可以看出,农资综合补贴资金对粮食主产区和非粮食主产区的农民收入的影响程度差异不大。

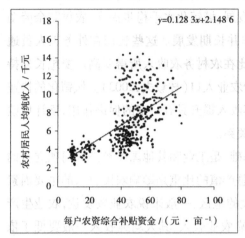
(a)粮食主产区亩均农资补贴与居民人均纯收入

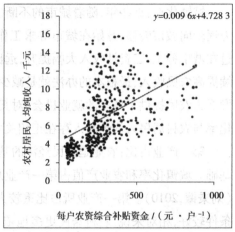
(b)粮食主产区户均农资补贴与居民人均纯收入

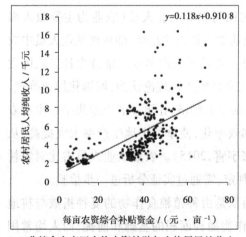
(c)非粮食主产区亩均农资补贴与人均居民纯收入

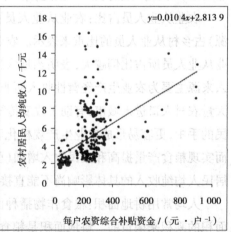
(d)非粮食主产区户均农资补贴与人均居民纯收入

图5.6　粮食主产区和非粮食主产区农资综合补贴对农村居民人均纯收入的影响

5.4.2　模型与变量

农民收入是党和国家十分关注的部分,农业相关补贴政策的实施,其重要目标之一就是要促进农户增收。因此,在研究农资综合补贴对农户的收入影响机制的

时候,将农户收入作为被解释变量是必要的。本小节选取的农户收入指标为农村居民人均纯收入。核心解释变量同上节,选取"亩均"和"户均"两个维度来表示农资综合补贴资金。

本小节选取城镇化率、第一产业占比、农业从业人员占比、人均常用耕地面积、户均家庭人口数、亩均化肥使用量、亩均农业机械动力作为控制变量。

城镇化率:近些年,随着城市的不断发展,城镇化水平稳步提高,农村剩余劳动力逐步向城市转移,开始在城市寻求工作并长期发展。这些长期在外务工人员通过在城市务工,工资性收入大幅提升,远比在农村务农收入所得要高。要想长期持续提高农民收入,最根本的办法就是减少农业人口(林毅夫,2003)。城镇化的快速发展为农民提供了更多的就业机会,对其收入提升具有一定的促进作用,预计城镇化率与农村居民人均纯收入存在正相关关系。

第一产业占比:农业是国民经济的基础,是工业和其他国民经济部门独立化的基础。城镇化率和农业产值占第一产业总产值的比重是影响农民收入的主要因素(刘秉镰,2010)。第一产业所占比重较大的地区,一般来说农业较发达,农业生产条件较好,相对来说,农村居民更多地依靠农业收入,其人均纯收入一般要低于依靠第二和第三产业的农户。因此,第一产业占比越高,农民人均纯收入可能越低。

农业从业人员占比:农业从业人员占比用农业从业人员(农业为主要收入来源)占乡村从业人员的比重来表示。农业从业人员占比越高,即乡村从业人员中农业从业人员所占比例越大,表明当地农民主要靠务农而非务工维持生计。农民收入来源主要为农业生产经营性收入而非工资性收入。理论认为,城镇化加速推进,大量农村人口进入城市,有助于改变传统的小农经济,让更多的土地集中于少数农民的手中,更容易形成农业生产规模化和效率化,使单位土地生产率大大提高,从而实现粮食产量提高和农民收入增加(张宇青,2015)。农业从业人员占比对农村居民人均纯收入的具体影响尚不能直接判定,需通过实证分析进一步检验。

人均常用耕地面积:粮食作物播种面积是由种植粮食作物的复种指数与耕地面积的乘积来衡量的。耕地面积是粮食作物播种面积的基础和前提,而人均常用耕地面积规避了人口因素的影响,更加直接地反映了乡村的耕地禀赋。一般来说,在其他条件保持不变的情况下,人均常用耕地面积越多,粮食作物播种面积也会越多,农户越能够利用有限的资源实现规模效益的最大化(魏茂青,2013)。人均常用耕地面积与粮食作物播种面积占农作物播种面积的比重存在正相关关系。

户均家庭人口数:户均家庭人口数是指农村每个家庭的平均人口数。户均家庭人口用来度量农村家庭劳动力丰富程度。虽然此指标并非衡量家庭劳动力数量的最佳指标,但苦于劳动力数据难以获取,只能采用此指标间接反映劳动力数量。根据农村现实状况,即便农村老人年龄很大,他们参加劳动的积极性依然很高,因此,此指标可以较好地反映农村家庭劳动力数量。家庭劳动人口越多,劳动力也可能越多,获取的收入也将越多(周振,2016;祝华军,2005)。

亩均化肥使用量:化肥的使用有助于提高土地肥力和粮食单产,是粮食生产过程中的关键物质投入之一(张淑杰,2012)。理论认为,土壤肥沃程度与粮食亩产量密切相关,每亩化肥使用量的增多可在一定程度上提高每亩土地的粮食单产,从而使农业生产经营性收入提高。因此,预计每亩化肥使用量对农村居民人均纯收入具有正向影响。

亩均农业机械动力:亩均农业机械动力说明了农业机械化的水平和现状。随着工业化的演进和发展,我国农业机械化的水平不断提高(陈宏,2012;孙曦恋,2015)。亩均农业机械动力主要包括耕作机械、排灌机械、收获机械、农用运输机械等。当地农业机械化水平的提高有助于减轻农民耕作负担,高效管理土地,在一定范围内可促进粮食作物播种面积的增加。

农资综合补贴对农村居民人均纯收入的影响研究的变量选取及说明如表 5.6 所示。

表 5.6　农资综合补贴对农村居民人均纯收入的影响研究的变量选取及说明

变量	符号	单位	变量定义及说明	预期方向
被解释变量				
农村居民人均纯收入	y	元	—	
核心解释变量				
亩均农资综合补贴资金	S_3	元/亩	亩均农资综合补贴资金=农资综合补贴资金/粮食作物播种面积	+
户均农资综合补贴资金	S_4	元/户	户均粮食直接补贴资金=农资综合补贴资金/乡村户数	+
控制变量				
社会经济环境类				
城镇化率	URB	%	城镇化=城镇常住人口/常住人口	+
第一产业占比	AOG	%	第一产业占比=第一产业产值/GDP 总值	−

续表

变量	符号	单位	变量定义及说明	预期方向
农业从业人员占比	ROA	%	农业从业人员占比=农业从业人员/乡村从业人员	−
土地、劳动、机械等禀赋类				
户均家庭人口数	FS	人/户	户均家庭人口数=乡村总人口/乡村户数	+
人均常用耕地面积	LAN	亩/人	人均常用耕地面积=常用耕地面积/乡村农业从业人员	+
每亩化肥使用量	FER	吨/亩	每亩化肥使用量=粮食作物化肥使用总量/粮食作物播种面积	+
亩均农业机械动力	MAC	（千瓦·时）/亩	亩均农业机械动力=农业机械总动力/农作物播种面积	+

本小节的数据来源同上节。

为分析农资综合补贴对农民收入的影响,本小节构建如下计量模型:

$$y_{it} = \beta_0 + \beta_1 S_{it} + \beta_2 URB_{it} + \beta_3 AOG_{it} + \beta_4 ROA_{it} +$$
$$\beta_5 FS_{it} + \beta_6 LAN_{it} + \beta_7 FER_{it} + \beta_8 MAC_{it} + \varepsilon_{it}$$

其中,y_{it} 为农村居民人均纯收入;S_{it} 为亩均农资综合补贴资金、户均农资综合补贴资金;URB_{it} 为城镇化率;AOG_{it} 为第一产业占 GDP 比重;ROA_{it} 为农业从业人员占比,用农村从业人员占乡村从业人员的比重表示;FS_{it} 为户均家庭人口数;LAN_{it} 为人均常用耕地面积,用常用耕地面积占粮食作物播种面积的比重表示;FER_{it} 为每亩化肥使用量;MAC_{it} 为亩均农业机械动力。具体如表 5.6 所示。

5.4.3　计量结果与讨论

由表 5.7 可知,样本整体估计结果与前文讨论的描述性分析结果是一致的。无论是亩均农资综合补贴还是户均综合补贴,都在 10% 水平上显著,且农资综合补贴的估计系数为正。在模式(1)下,亩均农资综合补贴每增加 1 元,农民收入将增加 0.001 2 元;在模式(2)下,户均农资综合补贴每增加 1 元,农民收入将增加 0.000 2 元。这说明农资综合补贴对农民收入具有正向作用,从实证角度在一定程度上印证了推论 5.1 的正确性。农资综合补贴是直接发放给农户的,并且综合补贴覆盖的范围比较广,相对于粮食直补,补贴力度较大,对农户收入有明显的促进作用。随着城镇化、工业化的发展,农民的收入水平得到了极大的改善,其收入结构也得到一定的调整,逐步由农业经营性收入向工业、服务业收入转变,农资综合补贴作为政府转移支付的一种,增加了农民增收的渠道,提高了农户的收入水平。

控制变量中,农业从业人员占比在 10% 水平上负显著,在模式(1)下,农业从业人员占比每增加 1 个百分比,每位农民的收入将减少 0.014 7 元;在模式(2)下,农业从业人员占比每增加 1 个百分比,每位农民的收入将减少 0.106 2 元。这表明,农业从业人员占比越大,农民收入将越少。第一产业占比在 1% 水平上负显著,在模式(1)下,第一产业占比每增加 1 个百分点,每位农民的收入将减少 0.486 2 元;在模式(2)下,第一产业占比每增加 1 个百分点,每位农民的收入将减少 0.510 8 元。这表明,第一产业占比越大,农民收入将越少。关于农用化肥使用量,在模式(1)下,农用化肥使用量在 1% 水平下正显著,其每亩每增加 1 吨,农民收入将增加 0.080 4 元;在模式(2)下,农用化肥使用量在 10% 水平下正显著,其每亩每增加 1 吨,农民收入将增加 0.081 0 元。亩均农业机械动力在 1% 水平下正显著,模式(1)下,每亩耕地农业机械动力每增加 1 千瓦·时,农民收入将增加 0.573 9 元;在模式(2)下,每亩耕地农业机械动力每增加 1 千瓦·时,农民收入将增加 0.601 9 元。

农资综合补贴对农民收入影响的广义最小二乘法估计结果如表 5.7 所示。

表 5.7　农资综合补贴对农民收入影响的 FGLS 估计结果

解释变量	整体		粮食主产区		非粮食主产区	
	(1)	(2)	(3)	(4)	(5)	(6)
亩均农资综合补贴	0.001 2*		0.001 3***		0.001	
	(0.002 8)		(0.032 5)		(0.027 6)	
户均农资综合补贴		0.000 2*		0.000 3***		0.000 1
		(0.020 6)		(0.019 9)		(0.035 5)
城镇化率	0.000 2***	0.000 2***	0.031 0	0.029 3	0.000 2***	0.000 2***
	(0)	(0)	(0.041 6)	(0.040 8)	(0)	(0)
第一产业占比	−0.486 2***	−0.510 8***	−0.137 6***	−0.147 7**	−0.818 2***	−0.834 0***
	(0.148 2)	(0.149 9)	(0.149 5)	(0.138 2)	(0.220 5)	(0.223 9)
农业从业人员占比	−0.014 7*	−0.106 2*	0.093 8**	0.116 0*	−0.138 8*	−0.221 0*
	(0.202 9)	(0.212 7)	(0.295 8)	(0.243)	(0.263 5)	(0.297 8)

续表

解释变量	整体		粮食主产区		非粮食主产区	
	(1)	(2)	(3)	(4)	(5)	(6)
户均家庭人口数	0.026 6	−0.030 5	0.022 8	0.016 0*	0.077 4	0.092 5*
	(0.024 3)	(0.036 5)	(0.030 5)	(0.066 5)	(0.088)	(0.073 4)
人均常用耕地面积	0.000 4	0.000 5	0.002 5	0.002 2	0.001 4	0.001 4
	(0.000 7)	(0.001 4)	(0.005 8)	(0.003 9)	(0.011 7)	(0.013 9)
每亩化肥使用量	0.080 4***	0.081 0*	0.046 5***	0.048 8***	0.044 0*	0.047 4**
	(0.048 4)	(0.044 6)	(0.044 6)	(0.045 4)	(0.057 8)	(0.061 9)
亩均农业机械动力	0.573 9***	0.601 9***	0.174 2***	0.219 4***	0.570 1*	0.627 3*
	(0.219 3)	(0.224 8)	(0.193)	(0.205 8)	(0.399 5)	(0.377)
常数项	1.021 5***	1.236 2***	0.377 7	0.506	1.191 6	1.377 2
	(0.376)	(0.358 1)	(0.578 5)	(0.660 1)	(0.762 1)	(0.806)
年份	控制		控制		控制	
县(区)	控制		控制		控制	
观测值	710	710	420	420	290	290
Wald	1 442.945 5	1 300.809 1	684.936 4	805.454 5	2 832.381 8	361.863 6
r	0.356 6	0.309 6	0.286 5	0.270 2	0.268	0.273 1

注:*,** 和 *** 分别代表在10%、5%和1%的水平上显著;括号内数字为标准差;由于 FGLS 估计的 R^2 不能用,本书给出因变量预测值与实际值的相关系数,用 r 表示。

分区域看,在粮食主产区,农资综合补贴对农民收入的影响在1%水平上通过显著性检验,在粮食主产区,亩均农资综合补贴和户均农资综合补贴均对农民收入产生正影响,这与前文分析一致。在模式(3)下,亩均农资综合补贴每增加1元,农民收入将增加0.001 3元;在模式(4)下,户均农资综合补贴每增加1元,农民收入将增加0.000 3元。在非粮食主产区,农资综合补贴对农民收入的影响没有通过显著性检验,但对农民收入有正影响,这与前文分析相一致。农资综合补贴对粮食主产区的影响大于非粮食主产区,由于粮食主产区具备粮食生产优势和条件,以粮食生产为主业和主要收入来源,农资综合补贴能促进农业机械化提高,从而提高其粮食生产效率,相较于非粮食主产区,能更有效地使投入农业生产中的补贴获得更高收益。

此外,在粮食主产区,农业从业人员占比对农民收入的作用在10%水平上正显著,但在非粮食主产区在10%显著水平上负相关。在粮食主场区,城镇化率对农民收入影响不显著,但在非粮食主产区在1%显著水平上正相关。无论在粮食主产区还是在非粮食主产区,第一产业占比都在1%水平上负显著,但非粮食主产区对农民收入提高的抑制作用更明显;化肥使用量、农业机械动力均通过显著性检验,并有利于农民收入的提高。

5.5　本章小结

本章选取农资综合补贴为对象来分析其政策效果。首先,对湖北省农资综合补贴政策演变历程、实施现状及执行情况进行了回顾;其次,基于第3章提出的农业补贴经济效应的理论命题(理论分析),以及在探究农资综合补贴对农业机械化、粮食作物播种面积、农民收入3个预期目标影响的基础上,提出相应的研究假说与推论;最后,使用湖北省71个县区市2006—2015年的面板数据,通过描述性统计分析和广义最小二乘法(FGLS)分别研究了湖北省总体、粮食主产区和非粮食主产区的农资综合补贴与预期目标的相关性,以及农资综合补贴对其目标的影响效果。其具体结论如下:

(1)农业机械化方面,亩均农资综合补贴和户均农资综合补贴对湖北省总体、粮食主产区及非粮食主产区的农业机械化都具有正向作用,且其对粮食主产区的影响大于非粮食主产区。一方面,农资综合补贴对石油、农机具有显著的影响,能够推进农业机械化的发展;另一方面,农资综合补贴降低了购买农业机械的成本,促使农民有更多的资金投入工业、服务业中,从而促使农业机械化的进一步发展。

(2)粮食作物播种面积方面,无论是粮食主产区、非粮食主产区还是湖北省,农资综合补贴对粮食作物播种面积的影响都并不显著,但大部分系数符号为正,这意味着农资综合补贴政策对粮食作物播种面积增加具有一定的正面积极作用。一方面,农资综合补贴资金比较少,对农户的激励机制较低;另一方面,农资综合补贴往往没有被投入农业领域,相反,农户往往会将农资综合补贴投入第二、三产业中,因此农资综合补贴政策对粮食作物播种面积并没有显著影响。

(3)农民收入方面,农资综合补贴对湖北省总体、粮食主产区和非粮食主产区的农民收入具有正向的影响,同时其对粮食主产区的影响大于非粮食主产区。农资综合补贴作为农民直接收入的一种,随着农资综合补贴的提高,农民收入就会得到相应的提升;与此同时,农资综合补贴降低了农户的生产成本,而生产成本的降低,使农民可以将更多的财富用于投资,这对农民收入具有重大意义。

6 良种补贴政策经济效应分析

6.1 政策实践与研究假说

6.1.1 政策实践

良种补贴是指对生产中使用优良农作物品种的农民,以现金直接补贴的方式给予资金补助,以降低生产成本(用种费用支出),鼓励农民选用优良品种。它以提高粮食作物单产、改善品质和提高农民收入水平为目标。

2004年湖北省财政厅、农业厅、监察厅出台了《湖北省水稻良种补贴资金管理暂行办法》(鄂农财发〔2004〕7号)规定,水稻良种补贴采取"指标到县、直补到户、与种植优质稻良种挂钩"的形式,由县市农业部门核实面积并造册到户,再由财政部门按农业部门核实的结果,通过"一折通"直接发放到农户手中。该文件特别指出:"双季产区核定的中稻、晚稻种植面积之和不得超过计税面积中的水田面积,中稻产区上报的中稻种植面积不得超过计税面积中的水田面积。"

2007年发布的《湖北省水稻良种推广补助资金管理办法》提出,要加强资金监督管理,建立健全公告公示制度,建立补贴档案,设立咨询和投诉电话,及时查证农民群众举报事项,从而确保补贴资金专款专用,严禁套取、挤占、挪用,确保该项资金与优质稻良种挂钩并补贴给农户。

2008年之后,在实际补贴面积方面的规定趋于宽松。按照省农业厅、省财政厅下发的《湖北省2009年农作物良种补贴项目实施方案》和有关资金管理办法的要求,水稻良种补贴按照"实际种植面积核实",回避了此前政策规定的"中稻和晚稻之和不得超过计税水田面积"的要求。2008—2009年,为了进一步扩大农田种植面积,提高粮食市场竞争力,增加农民收入,继续实行良种补贴政策。中央决定对水稻、小麦、玉米、棉花的良种补贴实行全覆盖,补贴标准为早稻10元/亩,中晚稻、棉花15元/亩,小麦、玉米10元/亩,再将农作物良种补贴资金以"一折通"的形式发放到种植上述四种良种的农民手中。良种补贴范围的拓宽和力度的加大进一步调动了农户的种粮积极性。

2010—2011年,补贴标准同2008—2009年。2012—2013年,延续了良种补贴政策,并在此基础上加强了对马铃薯良种的补贴与支持。根据财政部《关于拨付2012年马铃薯原种生产补贴资金的通知》的指示,为支持湖北省马铃薯脱毒种薯的生产和推广应用,湖北省加大了对马铃薯良种种植的补贴力度,使种植良种马铃薯的农户享受政策优惠,提高其种植积极性。

2014年至今,继续对农户进行良种补贴,充分调动农民种植积极性,推广农作物优良品种。根据《财政部关于下达2015年农业支持保护补贴资金的通知》,对早稻、中稻、晚稻、小麦、玉米、棉花、油菜、马铃薯良种补贴实行全覆盖,积极推动农业与统计、财政等各个部门的协调合作,切实加强资金管理,保障政策落到实处。

2015年财政部和农业部出台《关于调整"农业三项补贴"政策的指导意见》,将农作物良种补贴、粮食直接补贴和农资综合补贴合并为"农业支持保护补贴";再将80%的农资综合补贴存量资金,加上粮食直接补贴和农作物良种补贴资金,用于耕地地力保护,且农作物良种补贴的方式及资金用途也发生了重大改变。

综上所述,湖北省良种补贴政策的制定和实际执行情况如表6.1所示。从中可以清晰地看出,实际执行过程中,良种补贴均是按照农户的承包面积进行补贴的。

表6.1　2006—2015年湖北省良种补贴政策情况

年份	补贴总额/亿元	补贴标准及品种	补贴对象	补贴依据（政策文件）	补贴依据（实际执行）
2004	—	早稻10元/亩,中稻15元/亩,晚稻7元/亩	生产中使用农作物良种的农民	良种实际种植面积	土地承包面积
2005	—	早稻、小麦10元/亩,中稻15元/亩,晚稻7元/亩	同上	同上	同上
2006	4.38	早稻、小麦10元/亩,中稻15元/亩,晚稻7元/亩	同上	同上	同上
2007	4.99	早稻、小麦、油菜10元/亩,中晚稻、棉花15元/亩	同上	同上	同上

续表

年份	补贴总额/亿元	补贴标准及品种	补贴对象	补贴依据（政策文件）	补贴依据（实际执行）
2008	4.17	同上	同上	良种实际种植面积	同上
2009	4.97	早稻、小麦、玉米、油菜 10 元/亩,中晚稻、棉花 15 元/亩	同上	同上	同上
2010	5.96	同上	同上	同上	同上
2011	5.96	同上	同上	同上	同上
2012	6.51	早稻、小麦、玉米、油菜、花生 10 元/亩,中晚稻、棉花 15 元/亩	同上	同上	同上
2013	6.24	早稻、小麦、玉米、油菜、花生 10 元/亩,中晚稻、棉花 15 元/亩,马铃薯 100 元/亩	同上	同上	同上
2014	5.87	同上	同上	同上	同上
2015	5.51	同上	同上	同上	同上

数据来源:作者搜集整理。

6.1.2 研究假说

良种补贴是以降低生产成本(用种费用支出),鼓励农民选用优良品种,提高良种覆盖率、以提高粮食作物单产、改善品质以及稳定粮棉种植面积为目标,对生产中使用优良农作物品种的农民采取现金直接补贴方式给予资金补助的补贴方式。良种是先进农业技术的载体,政府对良种进行补贴,有利于良种农业生产技术的推广。鼓励农民加大对良种生产要素的投入,能有效地提高农民的劳动生产率和土地产出率,从而提高粮食单产和品质,促进农业优质高效发展。

根据上述分析,结合第 3 章的理论分析框架,本章提出如下可验证的研究假说(推论):

假说 6.1(良种补贴对粮食单产的影响):良种补贴提高了粮食等良种的应用,

在其他条件相同的情况下,良种补贴政策将提高粮食单产。

推论6.1(良种补贴对农户收入的影响):若假说6.1成立,即良种补贴提高了粮食单产,在粮食单价不下降的情况下,良种补贴将增加农户粮食收入,也会提高农户总收入。

6.2 良种补贴对粮食单产的影响

6.2.1 描述性证据

本节分析良种补贴的投入情况对粮食单产的影响。其中,被解释变量为粮食单产,解释变量为单位粮食作物播种面积良种补贴金额、户均良种补贴金额,用以反映良种补贴政策的补贴状况。

良种补贴资金与粮食单产呈正相关关系。本书分别做出2006—2015年71个县区市单位粮食作物播种面积良种补贴资金、户均良种补贴资金与粮食单产之间统计意义上的线性关系图(图6.1)。从图6.1中可知,亩均和户均良种补贴资金对粮食单产的影响程度存在着一定差异;但整体上,良种补贴资金与粮食单产呈正相关关系,即随着政府对良种补贴投入力度的不断加大,粮食单产也会不同程度增加。

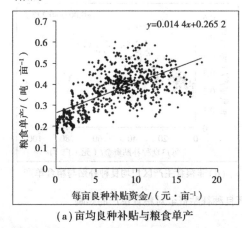

(a)亩均良种补贴与粮食单产

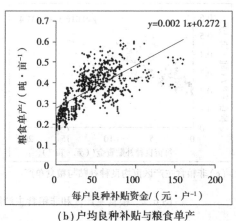

(b)户均良种补贴与粮食单产

图6.1 良种补贴资金对粮食单产的影响

良种补贴资金与粮食主产区和非粮食主产区粮食单产都呈正相关关系,且良种补贴资金对非粮食主产区粮食单产的影响大于粮食主产区。本书分别做出2006—2015年粮食主产区和非粮食主产区,单位粮食作物播种面积良种补贴资金、户均良种补贴资金与粮食单产之间统计意义上的线性关系图(图6.2)。从图6.2(a)和图6.2(b)中可知,粮食主产区内亩均良种补贴资金和户均良种补贴资金

对粮食单产的影响存在一定的差异;但整体上,粮食主产区良种补贴资金与粮食单产呈正相关关系,即随着政府对良种补贴投入力度加大,粮食单产也会有不同程度的提高。从图6.2(c)和图6.2(d)中可知,非粮食主产区内亩均良种补贴资金和户均良种补贴资金对粮食单产的影响程度不一样;但整体上,非粮食主产区内良种补贴资金金额与粮食单产呈正相关关系。从图6.2(a)和图6.2(c)中可知,良种补贴资金对粮食主产区和非粮食主产区内粮食单产的影响程度不一,总体来说,良种补贴资金对非粮食主产区粮食单产影响程度较大,是粮食主产区粮食单产影响效果的6倍左右。

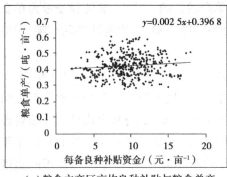

（a）粮食主产区亩均良种补贴与粮食单产

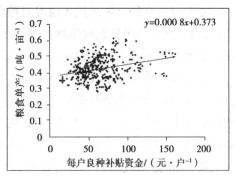

（b）粮食主产区户均良种补贴与粮食单产

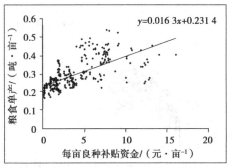

（c）非粮食主产区亩均良种补贴与粮食单产

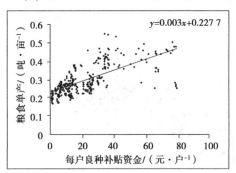

（d）非粮食主产区户均良种补贴与粮食单产

图6.2　粮食主产区和非粮食主产区良种补贴资金对粮食单产的影响

6.2.2　模型与变量

本节主要研究良种补贴对粮食单产的影响。一般认为良种补贴对粮食单产具有正向的作用,良种补贴的提高,一方面产生了激励机制,调动了农户加大对农业投入的积极性;另一方面,在一定程度上降低了农户生产成本,增加了农户收入。良种补贴政策旨在鼓励和引导农户选择优良作物种子,提高良种的普及率和覆盖率,最终提高粮食的产量。

为了准确衡量良种补贴对粮食产量的影响,在良种补贴方面,本节选择亩均良种补贴和人均良种补贴两个指标;衡量粮食产量的指标很多,包括粮食单产、粮食总产量等,但大多数文献都选择粮食单产这一指标,因此,本书也选取粮食单产这一指标。

在控制变量方面,本节选取了户均家庭人口数、人均常用耕地面积、有效灌溉耕地面积占比、每亩化肥使用量、亩均农业机械动力等 5 个指标。

户均家庭人口数:户均家庭人口数是指农村每个家庭的平均人口数。户均家庭人口用来度量农村家庭劳动力的丰富程度。虽然此指标并非衡量家庭劳动力数量的最佳指标,但苦于劳动力数据难以获取,只能采用此指标间接反映劳动力数量。根据农村现实状况,农村老人即便年龄很大,他们参加劳动的积极性也依然很高,因此,此指标可以较好地反映农村家庭劳动力数量。家庭劳动人口越多,劳动力也可能越多,更可能精耕细作,提高粮食单产(周振,2016;祝华军,2005)。

人均常用耕地面积:粮食作物播种面积是由种植粮食作物的复种指数与耕地面积的乘积来衡量的,耕地面积是粮食作物播种面积的基础和前提,而人均常用耕地面积规避了人口因素的影响,更加直接地反映乡村的耕地禀赋。一般来说,在其他条件保持不变的情况下,人均常用耕地面积越多,粮食作物播种面积也会越多,农户越能够利用有限的资源实现规模效益的最大化(魏茂青,2013)。人均常用耕地面积与粮食作物播种面积占农作物播种面积的比重存在正相关关系。

有效灌溉耕地面积占比:有效灌溉耕地面积占比是指地块比较平整,有一定水源、灌溉设施配套,在一般年景下当年能进行正常灌溉的农田面积。这些耕地质量较高,能够提高粮食单产。因此,理论上,有效灌溉耕地面积占比与粮食单产呈正相关关系。

每亩化肥使用量:化肥的使用有助于提高土地肥力和粮食单产,是粮食生产过程中的关键物质投入之一(张淑杰,2012)。理论认为,土壤肥沃程度与粮食亩产量密切相关,每亩化肥使用量的增多可在一定程度上提高每亩土地的粮食单产。

亩均农业机械动力:亩均农业机械动力说明了农业机械化的水平和现状,随着工业化的演进和发展,我国农业机械化的水平不断提高(陈宏,2012;孙曦恋,2015)。亩均农业机械动力主要包括耕作机械、排灌机械、收获机械、农用运输机械等。当地农业机械化水平的提高有助于减轻农民耕作负担,高效管理土地,在一定范围内可促进粮食单位面积产量的增加。

本小节的数据来源同上。

为了分析良种补贴资金对粮食单产的影响,本小节构建如下计量模型,即:

$$y_{it} = \gamma_0 + \gamma_1 S_{it} + \gamma_2 FS_{it} + \gamma_3 IRRI_{it} + \gamma_4 FER_{it} + \gamma_5 MAC_{it} + \varepsilon_{it}$$

其中, y_{it} 为粮食单产; S_{it} 为亩均良种补贴资金、户均良种补贴资金; FS_{it} 为户均家庭人口数; $IRRI_{it}$ 为有效灌溉耕地面积占比; FER_{it} 为每亩化肥使用量; MAC_{it} 为亩均农业机械动力。变量说明如表 6.2 所示。

表 6.2　良种补贴对粮食单产影响研究的变量选取及说明

变量	符号	单位	变量定义及说明	预期方向
被解释变量				
粮食单产	y	吨/亩	粮食单产=粮食作物总产量/粮食作物播种面积	
核心解释变量				
亩均良种补贴资金	S_5	元/亩	亩均良种补贴资金=良种补贴资金/粮食作物播种面积	+
户均良种补贴资金	S_6	元/户	户均良种补贴资金=良种补贴资金/乡村户数	+
控制变量				
户均家庭人口数	FS	人/户	户均家庭人口数=乡村总人口/乡村户数	+
有效灌溉耕地面积占比	$IRRI$	%	有效灌溉耕地面积占比=有效灌溉耕地面积/耕地总面积	+
每亩化肥使用量	FER	吨/亩	每亩化肥使用量=粮食作物化肥使用总量/粮食作物播种面积	+
亩均农业机械动力	MAC	(千瓦·时)/亩	亩均农业机械动力=农业机械总动力/农作物播种面积	+

6.2.3　计量结果与讨论

由表 6.3 可知,样本整体估计结果与前文描述性分析结果一致。无论是亩均良种补贴还是户均良种补贴,都在 1% 水平上显著,且良种补贴的估计系数为正。在模式(1)下,亩均良种补贴每增加 1 元,粮食单产将增加 0.008 69 千克;在模式(2)下,户均良种补贴每增加 1 元,粮食单产将增加 0.003 25 千克。良种为现代农业科技的物化与载体,是未来粮食产量和质量提升的重要支撑,良种补贴对粮食单产具有显著的正向影响。这从实证角度上印证了假说 6.1 的正确性。

控制变量中,户均家庭人口数在 1% 水平上正显著,在模式(1)下,户均家庭人口数每增加1人,粮食单产将增加0.047 1吨;在模式(2)下,户均家庭人口数每增加1人,粮食单产将增加0.049 5吨。这说明农户户均家庭人口数越大,粮食单产越高。有效灌溉耕地面积占比在1%水平上正显著,在模式(1)下,有效灌溉耕地面积占比每增加1个百分比,粮食单产将增加0.031 3吨;在模式(2)下,有效灌溉耕地面积占比每增加1个百分比,粮食单产将增加0.032 6吨。这说明有效灌溉耕地面积占比越高,粮食单产越高。

每亩化肥使用量在10%水平下正显著,在模式(1)下,每亩耕地化肥使用量每增加1吨,粮食单产相应增加0.002 4吨;在模式(2)下,每亩耕地化肥使用量每增加1吨,粮食单产相应增加0.002 6吨。这说明每亩耕地化肥使用量越多,粮食单产越高,化肥使用量增加可以带动粮食单产的提高,目前粮食生产对农药、化肥投入量的依赖性比较显著。在模式(1)下,亩均农业机械动力每增加1千瓦·时,粮食单产相应增加0.131 9千克;在模式(2)下,亩均农业机械动力每增加1千瓦·时,粮食单产对应增加0.142 9千克。亩均农业机械动力在10%水平下正显著,在模式(1)下,亩均农业机械动力每增加1千瓦·时,粮食单产相应增加0.131 9千克;在模式(2)下,亩均农业机械动力每增加1千瓦·时,粮食单产对应增加0.142 9千克。

表6.3　良种补贴对粮食单产影响的 FGLS 估计结果

解释变量	整体		粮食主产区		非粮食主产区	
	(1)	(2)	(3)	(4)	(5)	(6)
亩均良种补贴资金	0.008 7 ***		0.003 3 ***		0.001 4 ***	
	(0.047 4)		(0.023 1)		(0.037 9)	
户均良种补贴资金		0.005 1 ***		0.002 6 ***		0.001 ***
		(0.036 8)		(0.022)		(0.032 1)
户均家庭人口数	0.047 1 ***	0.049 5 ***	0.011 6 ***	0.010 9 ***	0.035 8 ***	0.032 5 ***
	(0.023 5)	(0.024 8)	(0.020 7)	(0.020 4)	(0.024 1)	(0.022)
有效灌溉耕地面积占比	0.031 3 ***	0.032 6 ***	0.048 **	0.042 **	0.009 **	0.006 5 **
	(0.026 5)	(0.022 3)	(0.028 1)	(0.029 4)	(0.023 5)	(0.021 2)
每亩化肥使用量	0.002 4 *	0.002 6 *	0.001 5 *	0.001 8 *	0.000 1	0.000 6
	(0.013 9)	(0.014 4)	(0.017 2)	(0.019 1)	(0.000 9)	(0.001 6)
亩均农业机械动力	0.131 9 *	0.142 9 *	0.184 3 **	0.185 2 **	0.171 9 **	0.182 6 **
	(0.076 6)	(0.075 7)	(0.082 4)	(0.081 6)	(0.071 9)	(0.077 2)

续表

解释变量	整体		粮食主产区		非粮食主产区	
	(1)	(2)	(3)	(4)	(5)	(6)
常数项	0.072 1 ***	0.085 2 ***	0.023 8 ***	0.057 ***	0.013 9 ***	0.019 5 ***
	(0.074 6)	(0.075 6)	(0.095 2)	(0.089 5)	(0.071 1)	(0.084 3)
年份	控制		控制		控制	
县（区）	控制		控制		控制	
观测值	710	710	420	420	290	290
Wald	985.12	1 004.77	825.36	838.44	357.19	353.6
r	0.362 5	0.324 6	0.279 1	0.298 8	0.435 3	0.388 4

注：*、** 和 *** 分别代表在10%、5%和1%的水平上显著；括号内数字为标准差；由于 FGLS 估计的 R^2
不能用，本书给出因变量预测值与实际值的相关系数，用 r 表示。

分区域看，在粮食主产区，良种补贴对粮食单产的影响在1%水平上通过显著性检验，每亩良种补贴和每户良种补贴均对粮食单产具有正影响，这与前文分析一致。在模式（3）下，每亩良种补贴每增加1元，粮食单产将增加0.003 3 吨；在模式（4）下，每户良种补贴每增加1元，粮食单产将增加0.002 6 吨。在非粮食主产区，良种补贴对粮食单产的影响也在1%水平上通过显著性检验，在模式（5）下，每亩良种补贴每增加1元，粮食单产将增加0.001 4 千克；在模式（6）下，每户良种补贴每增加1个百分点，粮食单产将增加0.001 千克。从此，可以得出良种补贴对粮食主产区粮食单产的影响大于非粮食主产区，与前文描述性分析和理论分析中所得到的结论不相符，这一方面是其他控制变量影响造成的，如粮食主产区拥有粮食生产优势，从而造成粮食主产区单产比非粮食主产区高；另一方面，因为粮食作物良种补贴政策都从粮食主产区开始试点实施，实施年限长，在粮食主产区实现全覆盖的年限早，补贴金额和增长率也相对稳定，补贴规模也大于非粮食主产区，所以其政策效能较非粮食主产区能得到更好的发挥。此外，由于农民具有明显的对货币直补的偏好，因此相关部门将粮食作物良种补贴以直接现金补贴方式进行，与其他农业补贴资金一起，借助"一卡通"或"一折通"的方式发放到农民个人账户。然而，直接现金补贴的精准效能较低，非粮食主产区与粮食主产区相比不注重良种补贴政策的宣传、发放、执行和监督，从而使有些非粮食主产区农民不清楚具体补贴项目明细，使良种补贴资金的用途失去专用性，与政策初衷相背离。

此外,在粮食主产区,每亩化肥使用量在 10% 水平上正显著;但在非粮食主产区,每亩化肥使用量没有通过显著性检验。无论是在粮食主产区还是非粮食主产区,有效灌溉耕地面积占比、亩均农业机械动力都在 5% 水平下正显著,户均家庭人口数在 1% 水平下正显著。

6.3 良种补贴对农民收入的影响

6.3.1 描述性证据

本节分析良种补贴投入情况对农民收入的影响。其中,被解释变量为农村居民人均纯收入,核心解释变量为单位粮食作物播种面积良种补贴资金、户均良种补贴资金,用来反映良种补贴的补贴状况。

良种补贴资金与农民收入呈现正相关关系。本书分别做出 2006—2015 年 71 个县区市单位粮食作物播种面积良种补贴资金、户均良种补贴资金与农村居民人均纯收入之间统计意义上的线性关系图(图 6.3)。从图 6.3 中我们可以看出,整体上,一个地区的良种补贴资金与该地区农民收入水平呈正相关关系,即各级政府对良种资金投入金额增加,推动农村居民人均纯收入增加。除此之外,亩均和户均良种补贴对农民收入水平的影响呈现出一定的差异性。

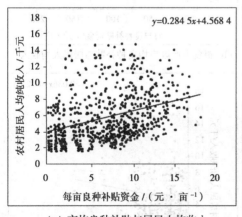

(a) 亩均良种补贴与居民人均收入

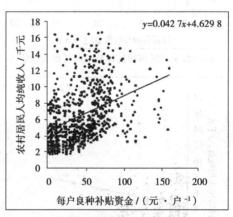

(b) 户均良种补贴与居民人均收入

图 6.3　良种补贴资金对农村居民人均收入的影响机制

良种补贴资金与粮食主产区和非粮食主产区农民收入呈正相关关系,且良种补贴资金对非粮食主产区农民收入的影响程度大于粮食主产区。本书分别做出 2006—2015 年粮食主产区和非粮食主产区单位粮食作物播种面积良种补贴资金、

户均良种补贴资金与农村居民人均纯收入之间统计意义上的线性关系图（图6.4）。从图6.4(a)和图6.4(b)可以看出，粮食主产区内良种补贴资金与该地区的农民收入呈正相关关系，即随着政府对良种补贴投入力度加大，农民收入水平也会有不同程度的提高。除此之外，单位粮食作物播种面积和户均良种补贴资金对农民收入水平影响存在一定差异。从图6.4(c)和图6.4(d)可以看出，单位粮食作物播种面积和户均良种补贴资金对农民收入的影响存在一定差异，但整体上，非粮食主产区良种补贴资金与农民收入呈正相关关系。从图6.4(a)和图6.4(c)可以看出，良种补贴资金对粮食主产区和非粮食主产区农民收入水平的影响程度不一，总体来说，良种补贴资金对非粮食主产区农民收入水平的影响程度较大，是粮食主产区农民收入水平影响效果的3倍左右。

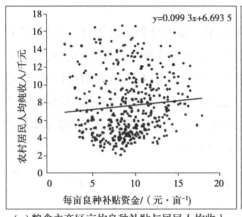

(a)粮食主产区亩均良种补贴与居民人均收入 (b)粮食主产区户均良种补贴与居民人均收入

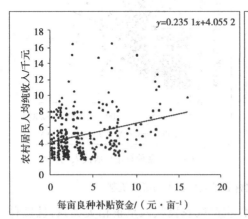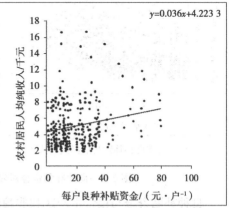

(c)非粮食主产区亩均良种补贴与居民人均收入 (d)非粮食主产区户均良种补贴与居民人均收入

图6.4　粮食主产区和非粮食主产区良种补贴资金对农村居民人均收入的影响机制

6.3.2 模型与变量

本节主要探索良种补贴与农户收入的关系。虽然良种补贴是一种事后变量,即根据农户当年播种的良种情况进行后续补贴,但良种补贴是以资金的形式发放给农户,因此与农户收入是密切相关的,一般认为是正向影响,即良种补贴对农户收入具有促进作用。纵观国内外文献,衡量农户收入的指标比较多。由于与农村居民收入、农村家庭财富收入相比,农村居民人均纯收入能更加直接反映农户收入,并且农村居民人均纯收入最大可能地摒弃了其他因素的影响,精确地代表了农民的真实收入现状,因此本书的划分标准,在农户收入方面选取了农村居民人均纯收入这一指标。同时,本书在良种补贴方面,继续延续了上一小节的划分标准,划分为户均粮食补贴资金和亩均良种补贴资金。

在控制变量方面,本节选取了城镇化率、农业从业人员占比、户均家庭人口数、第一产业占比、人均常用耕地面积、每亩化肥使用量、亩均农业机械动力等控制变量进行衡量。

城镇化率:近些年,随着城市的不断发展,城镇化水平稳步提高,农村剩余劳动力逐步向城市转移,开始在城市寻求工作并长期发展。这些长期在外务工人员通过在城市务工,工资性收入大幅提升,远比在农村务农收入所得要高。要想长期持续提高农民收入,最根本的办法就是减少农业人口(林毅夫,2003)。城镇化的快速发展为农民提供了更多的就业机会,对其收入提升具有一定的促进作用,预计城镇化率与农村居民人均纯收入存在正相关关系。

农业从业人员占比:农业从业人员占比用农业从业人员(农业为主要收入来源)占乡村从业人员的比重来表示。农业从业人员占比越高,即乡村从业人员中农业从业人员所占比例越大,表明当地农民主要靠务农而非务工维持生计,农民收入来源主要为农业生产经营性收入而非工资性收入。理论认为,城镇化加速推进,大量农村人口进入城市,有助于改变传统的小农经济,让更多的土地集中于少数农民的手中,更容易形成农业生产规模化和效率化,使单位土地生产率大大提高,从而实现粮食产量提高和农民收入增加(张宇青,2015)。农业从业人员占比对农村居民人均纯收入的具体影响尚不能直接判定,需通过实证分析来进一步检验。

户均家庭人口数:户均家庭人口数是指农村每个家庭的平均人口数。户均家庭人口用来度量农村家庭劳动力的丰富程度。虽然此指标并非衡量家庭劳动力数量的最佳指标,但苦于劳动力数据难以获取,只能采用此指标间接反映劳动力数量。根据农村现实状况,农村老人即便年龄很大,他们参加劳动的积极性也依然很

高,因此,此指标可以较好地反映农村家庭劳动力数量。家庭劳动人口越多,劳动力也可能越多,获取的收入也将越多(周振,2016;祝华军,2005)。

第一产业占比:农业是国民经济的基础,是工业和其他国民经济部门独立化的基础。城镇化率和农业产值占第一产业总产值的比重是影响农民收入的主要因素(刘秉镰,2010)。第一产业所占比重较大的地区,一般来说农业较发达,农业生产条件较好,相对来说,农村居民更多地依靠农业收入,其人均纯收入一般要低于依靠第二和第三产业的农户。因此,第一产业占比越高,农民人均纯收入可能越低。

人均常用耕地面积:粮食作物播种面积是由种植粮食作物的复种指数与耕地面积的乘积来衡量的。耕地面积是粮食作物播种面积的基础和前提,而人均常用耕地面积规避了人口因素的影响,更加直接地反映乡村的耕地禀赋。一般来说,在其他条件保持不变的情况下,人均常用耕地面积越多,粮食作物播种面积也会越多,农户越能够利用有限的资源实现规模效益的最大化(魏茂青,2013)。人均常用耕地面积与粮食作物播种面积占农作物播种面积的比重存在正相关关系。

每亩化肥使用量:化肥的使用有助于提高土地肥力和粮食单产,是粮食生产过程中的关键物质投入之一(张淑杰,2012)。理论认为,土壤肥沃程度与粮食亩产量密切相关,每亩化肥使用量的增多可在一定程度上提高每亩土地的粮食单产,从而使农业生产经营性收入提高。因此,预计每亩化肥使用量对农村居民人均纯收入具有正向影响。

亩均农业机械动力:亩均农业机械动力说明了农业机械化的水平和现状,随着工业化的演进和发展,我国农业机械化的水平不断提高(陈宏,2012;孙曦恋,2015)。亩均农业机械动力主要包括耕作机械、排灌机械、收获机械、农用运输机械等。当地农业机械化水平的提高有助于减轻农民耕作负担,高效管理土地,在一定范围内可促进粮食作物播种面积的增加。

本小节的数据来源同上。

为了分析良种补贴资金对农民收入的影响,本小节构建了如下计量模型,即:

$$y_{it} = \gamma_0 + \gamma_1 S_{it} + \gamma_2 URB_{it} + \gamma_3 AOG_{it} + \gamma_4 ROA_{it} +$$
$$\gamma_5 FS_{it} + \gamma_6 LAN_{it} + \gamma_7 FER_{it} + \gamma_8 MAC_{it} + \varepsilon_{it}$$

其中,y_{it} 为农村居民人均纯收入;S_{it} 为亩均良种补贴、户均两种补贴;URB_{it} 为城镇化率;AOG_{it} 为第一产业占 GDP 比重;ROA_{it} 为农业从业人员占比,用农村从业人员占乡村从业人员的比重表示;FS_{it} 为户均家庭人口数;LAN_{it} 为人均常用耕地面积,用常用耕地面积占粮食作物播种面积的比重表示;FER_{it} 为每亩化肥使用量;MAC_{it} 为亩均农业机械动力。具体如表6.4所示。

表6.4　良种补贴对农村居民人均纯收入影响研究的变量选取及说明

变量	符号	单位	变量定义及说明	预期方向
被解释变量				
农村居民人均纯收入	y	元	—	
核心解释变量				
亩均良种补贴资金	S_3	元/亩	亩均农资综合补贴资金=农资综合补贴资金/粮食作物播种面积	+
户均良种补贴资金	S_4	元/户	户均粮食直接补贴资金=农资综合补贴资金/乡村户数	+
控制变量				
社会经济环境类				
城镇化率	URB	%	城镇化率=城镇常住人口/常住人口	+
第一产业占比	AOG	%	第一产业占比=第一产业产值/GDP总值	-
农业从业人员占比	ROA	%	农业从业人员占比=农业从业人员/乡村从业人员	-
土地、劳动、机械等禀赋类				
户均家庭人口数	FS	人	家庭人口数	+
人均常用耕地面积	LAN	亩/人	人均常用耕地面积=常用耕地面积/乡村农业从业人员	+
每亩化肥使用量	FER	吨/亩	每亩化肥使用量=粮食作物化肥使用总量/粮食作物播种面积	+
亩均农业机械动力	MAC	（千瓦·时）/亩	亩均农业机械动力=农业机械总动力/农作物播种面积	+

6.3.3　计量结果与讨论

由表6.5可知,样本整体估计结果与前文描述性分析一致。无论是亩均良种补贴还是户均良种补贴,都在10%水平上显著,且良种补贴的估计系数为正。在

模式(1)下,亩均良种补贴每增加1元,每位农民的收入将增加0.007 5元;在模式(2)下,户均良种补贴每增加1元,每位农民的收入将增加0.006 5元。这从实证角度上印证了推论6.1的正确性。总而言之,良种补贴的提高能促进农户收入增加。良种补贴作为一种鼓励种植优质粮食作物的补贴,对农户收入起到重要的促进作用。良种补贴一方面有利于普及和推广种植优良作物品种;另一方面,在其他条件不变的情况下,农户种植优良品种,能够提高粮食总产量,也能随之提高农民收入。

表6.5　良种补贴对农民收入影响的 FGLS 估计结果

解释变量	整体		粮食主产区		非粮食主产区	
	(1)	(2)	(3)	(4)	(5)	(6)
亩均良种补贴	0.007 5***		0.005 0*		0.001 0	
	(0.032 9)		(0.011 2)		(0.002 2)	
户均良种补贴		0.006 5***		0.004 5*		0.000 7
		(0.029 1)		(0.013 5)		(0.002 6)
城镇化率	0.000 2***	0.000 2***	0.247 5**	0.248 8**	0.000 2***	0.000 2***
	(0)	(0)	(0.112 5)	(0.112 9)	(0)	(0)
第一产业占比	−0.032 2***	−0.034 1***	−0.056 3**	−0.049 4**	−0.085 6***	−0.079 9***
	(0.111 5)	(0.116 6)	(0.027 7)	(0.028 1)	(0.143 3)	(0.119 7)
农业从业人员占比	−0.008 1*	−0.009 6*	−0.225 2**	−0.215 3**	0.036 7*	0.056 7*
	(0.072 1)	(0.075 6)	(0.179 3)	(0.159)	(0.282 3)	(0.341 1)
户均家庭人口数	0.031 1***	0.042 5***	0.015 8**	0.012 1**	0.165 2**	0.158 5**
	(0.017 8)	(0.018 9)	(0.037 5)	(0.038 8)	(0.069 4)	(0.072 5)
每亩化肥使用量	0.026 8**	0.027 0*	0.015 5***	0.016 3***	0.014 7**	0.015 8**
	(0.016 1)	(0.014 9)	(0.014 9)	(0.015 1)	(0.019 3)	(0.020 6)
人均耕地面积	0.000 7	0.000 8	0.004 1	0.003 7	0.002 3	0.002 3
	(0.001 3)	(0.002 3)	(0.009 8)	(0.006 6)	(0.019 9)	(0.023 6)
亩均农业机械动力	0.103 2*	0.117 7**	0.103 5***	0.155 0***	0.054 9	0.052 0
	(0.059 4)	(0.056 9)	(0.211 2)	(0.214 6)	(0.101 5)	(0.167 5)
常数项	1.818 2***	2.142 9***	1.514 9***	1.499 5***	1.053 1***	1.107 6***
	(0.070 3)	(0.070 5)	(0.248 4)	(0.200 8)	(0.593)	(0.551 5)

解释变量	整体		粮食主产区		非粮食主产区	
	(1)	(2)	(3)	(4)	(5)	(6)
年份	控制		控制		控制	
县(区)	控制		控制		控制	
观测值	710	710	420	420	290	290
Wald	921.772 7	761.290 9	861.009 1	850.572 7	303.072 7	278.127 3
r	0.316 5	0.321 1	0.270 5	0.258 4	0.407	0.329

注:*, ** 和 *** 分别代表在 10%、5% 和 1% 的水平上显著;括号内数字为标准差;由于 FGLS 估计的 R^2 不能用,本书给出因变量预测值与实际值的相关系数,用 r 表示。

　　控制变量中,人均常用耕地面积没有通过显著性检验,而且无论在模型(1)和模型(2)中都对农民收入的提升具有促进作用。户均家庭人口数在 1% 水平上正显著,在模式(1)下,每户家庭每增加 1 人,每位农民的收入将增加 0.031 1 元;在模式(2)下,每户家庭每增加 1 人,每位农民的收入将增加 0.042 5 元。这说明农户户均家庭人口数越大,他们的收入水平越高。第一产业占比在 1% 水平上负显著,在模式(1)下,第一产业占比每增加 1 个百分点,每位农民的收入将减少 0.032 2 元;在模式(2)下,第一产业占比每增加 1 个百分点,每位农民的收入将减少 0.034 1 元。这表明第一产业占比越高,农民收入水平将越低。农业从业人员占比对农民收入的影响在模式(1)和模式(2)均在 10% 水平上显著负相关。关于每亩化肥施用量,模式(1)下,每亩化肥使用量在 5% 水平下正显著,每增加 1 吨,每位农民的收入将增加 0.026 8 元;在模式(2)下,每亩化肥使用量在 10% 水平上正显著,每增加 1 吨,每位农民的收入将增加 0.027 元。关于亩均农业机械动力,模式(1)下,亩均机械动力在 10% 水平上正显著,每增加 1 千瓦·时,农民收入将增加 0.103 2 元;在模式(2)下,亩均机械动力在 5% 水平上正显著,每增加 1 千瓦·时,农民收入将增加 0.117 7 元。

　　分区域看,在粮食主产区,良种补贴对农民收入的影响在 10% 水平上通过显著性检验,亩均良种补贴和户均良种补贴均对农民收入都具有正影响,这与前文分析一致。在模式(3)下,亩均农资综合补贴每增加 1 元,每位农民的收入将增加 0.005 元;在模式(4)下,户均良种补贴每增加 1 元,每位农民的收入将增加 0.004 5 元。在非粮食主产区,良种补贴对农民收入的影响没有通过显著性检验,但对农民收入有正影响,这也与前文分析一致。但良种补贴对粮食主产区农民收入的影响大于非

粮食主产区这一结论与前文分析不同。

此外,在粮食主产区,农业从业人员占比在 5% 水平上负显著,但在非粮食主产区,农业从业人员占比在 10% 水平上正显著。无论在粮食主产区还是非粮食主产区,人均常用耕地面积都没有通过显著性检验,第一产业占比都在 1% 水平上负显著,城镇化率、户均家庭人口数以及每亩化肥使用量都通过显著性检验,且对农民收入有促进作用。在粮食主产区,亩均农业机械动力在 1% 水平上正显著,而在非粮食主产区亩均农业机械动力没有通过显著性检验。

6.4 本章小结

本章以良种补贴为对象研究其政策效应。首先,回顾了湖北省良种补贴政策演变历程、实施现状及执行情况;其次,基于第 3 章提出的农业补贴政策经济效应的理论命题(理论分析),以及在分析良种补贴对粮食单产、农民收入这两大目标影响的基础上,提出良种补贴政策提高粮食单产和提高农民收入的假说和推论;最后,使用湖北省 71 个县区市 2006—2015 年的面板数据,先采用描述性统计分析初步对假设进行证实,随后为了提升准确度采用广义最小二乘法(FGLS)来研究良种补贴对湖北省总体、粮食主产区和非粮食主产区粮食单产和收入的影响,探讨良种补贴政策实施效果。通过以上分析,本章得到如下结论:

(1)良种补贴对湖北省总体、粮食主产区和非粮食主产区粮食单产都产生了一定的促进作用,且良种补贴政策对粮食主产区的影响大于非粮食主产区。良种补贴政策有利于农业技术的推广和发展,农业技术水平的不断提高能够促进粮食单产和农产品产量的提高。同时,随着粮食作物良种补贴政策实施年限的增长,其政策效能并未下降。在我国耕地面积有限与化肥、农药使用趋零排放约束的情况下,稳粮增收、提质增效的关键在于农业技术进步,良种是实现农业技术推广及应用的重要抓手,是促进粮食单产增加、品质改善的原动力。良种补贴政策在提高粮食单产方面发挥着积极的效果,没有演变成一种收入补贴。

(2)良种补贴对农民的收入具有正向影响,且效果明显。一方面,良种补贴降低了农户的生产成本,同时还通过粮食单产提高和品质改善提升了农户的单位农业经营性收入,从而实现了农民农业收入增加;另一方面,良种补贴能促进农民提高生产率,从而从根本意义上促进农民增收。

7 农业补贴政策效率评价及优化

政策效率评价是评价一国政府所制定政策的重要内容之一。故本章在前文第4章、第5章和第6章的粮食直接补贴、农资综合补贴及良种补贴政策的效应分析的基础上,对这3种农业补贴政策的效率进行评价。农业补贴政策效率评估是通过对农业补贴投入与产出之间的比例关系进行分析,从而确定政策的合理程度。农业补贴政策效率评估包括两个方面的内容:一方面,分析湖北省农业补贴政策在支出了各项成本后是否取得了明显的效益;另一方面,分析湖北省农业补贴资金的使用效率是否有效。

本章在农业补贴政策效率的评价理论基础上,利用 DEA 模型测算了 2006—2015 年湖北省 17 个地区的农业补贴政策效率,同时将农业补贴政策的综合效率分解为纯技术效率与规模效率,探究湖北省农业补贴政策是否有效及其原因。然后在此基础上,运用 Malmquist 模型进一步从动态角度测算并比较湖北省 17 个地区的农业补贴政策效率。最后,提出提升湖北省农业补贴政策效率的政策建议。

7.1 农业补贴政策效率的评价理论

关于效率的测度与评价一直是学术界关注的热点。一般情况下,效率由两部分组成:一是配置效率,二是技术效率。配置效率是指在既定的要素价格下实现投入产出最优组合的能力。技术效率是指在既定要素投入下实现投入最小化的能力或是实现产出最大的能力。基于此,当市场是完全竞争时,若投入要素的产出弹性等于投入要素与总成本的占比,那么配置效率有效。因此,本章以此为依据,针对技术效率来测度和评价农业补贴政策效率①。具体分析如图 7.1 所示。

---

① 本章所指的农业补贴效率就是指农业补贴的技术效率。

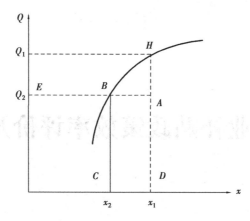

图7.1 农业补贴政策效率的分解

假设生产前沿为 $f(x)$，表示在不存在效率损失时可以达到最优生产的可能性边界。若横轴为农业补贴的投入 x，当农业补贴投入 x_1 与对应的生产前沿上的点为 H，则可以实现的产出水平为 Q_1。注意，此过程中，可能存在技术水平滞后、管理上无效、规模不经济、各种损耗等原因，致使实际产出只能达到点 A，与之对应的实际产出水平为 Q_2。关于效率的测度可以从两方面进行分析：一是基于投入视角，$ba=|x_1-x_2|$，农业补贴政策效率为 $T_1=\dfrac{x_2}{x_1}=\dfrac{EB}{EA}=\left(1-\dfrac{BA}{EA}\right)$，即反映的是当产出不变时，点 A 与生产可能性边界点 B 之间的距离。二是基于产出视角，由于最优产出水平为 Q_1，实际产出水平为 Q_2，那么产生损失为 $AH=|Q_1-Q_2|$，农业补贴政策效率为 $T_2=\dfrac{Q_2}{Q_1}=\dfrac{DA}{DH}=\left(1-\dfrac{AH}{DH}\right)$，此时反映的是投入不变时，点 A 与生产性可能边界最优点 H 之间的距离。关于农业补贴效率的测度，是基于产出固定不变时实现投入最小化的能力，或是基于当前农业补贴投入不变时实现产出最大化的能力。由于农业补贴效率并没有量纲化，介于 $(0,1]$ 之间且不受变量单位变化的影响，因此，其主要优点在于可以很好地测度农业补贴效率，包括在生产中其他要素的技术效率[①]。

7.2 农业补贴政策效率的测算方法介绍

由上文农业补贴政策效率的评价理论可知，由于农业补贴政策效率的生产前

---

① 在可变规模报酬不变时，利用投入法和产出法所测算的非效率单元的效率值会存在差异，这会增加分解规模效率的难度。

沿曲线的形状一般是未知的,且 Farrell(1957)指出只能通过实际的投入和产出水平来估计,因此,这里采用非参数估计的数据包络分析(DEA)方法进行农业补贴政策效率测度。在此基础上,运用 Malmquist 模型进一步从动态角度测算农业补贴政策效率。具体方法介绍如下:

7.2.1 DEA 方法

数据包络分析方法是在美国著名运筹学家 A. Charnes、W. W. Cooper 和 E. Rhodes(1978)等学者根据 Farrell(1957)提出的效率基础上发展起来的一种新的系统分析方法。DEA 方法是一种基于多投入、多产出对多个决策单元的技术效率进行评价的非参数统计方法,它主要采用数学规划方法,利用观察到的有效样本数据,通过分析投入、产出比率,来计算给定的决策单元效率前沿面,从而衡量决策单元的相对有效性。决策单元的相对有效是指在现有的技术和管理水平下,该决策单元达到生产的最优状态;决策单元的相对无效是指该决策单元的生产没有处在生产的最优状态,还有可以提升的空间。

DEA 方法可进行多投入和多产出、单投入和多产出或多投入和单产出的绩效评价,只需投入和产出数据,不仅可用来计算同一类评价对象的效率指数,并按照效率指数的大小对评价对象作出排序,而且还可以对评价对象进行资源配置和产出的有效性分析。因此,DEA 方法成为一种常用的政策评价的工具,适合具有多种投入和产出的特点,具有较复杂生产关系的决策单元的效率评价,被广泛应用于政府公共政策绩效评价中。具体而言,DEA 具有如下特点:

(1)DEA 方法不需要预先设定生产函数的形式,也不需要估计参数,避免了主观因素导致的估计误差。在确定输出与输入之间存在的关联时,不需要使用明确的表达式来表示,虽然已经假设一个或者多个输出能够被关联到每一个输入。

(2)DEA 方法对投入和产出计量单位没有要求,只需被评价的决策单元计量单位相同。运用 DEA 进行效率评价时,投入和产出数据不需要进行量纲处理,定量、顺序及比率指标都可以直接使用,操作简单可行。

(3)DEA 方法的结果具有很强的客观性。DEA 模型中的权重由决策单元的实际数据通过客观的线性规划获得,而不是评价者的主观认定,避免了各指标在优先意义下的权重确定。因此,DEA 方法权重的设定具有公平客观性。

上述 DEA 方法的特征,符合农业补贴政策效率测度的需求。首先,农业补贴政策中的农业补贴、农业从业人员数、粮食作物播种面积等投入最终转化为各种具体的农业生产的生产要素、农民收入等,只能确定有哪些投入和产出,但彼此之间

的具体关系很难定量化和测度。其次,农业补贴政策的投入和产出需要使用不同的量纲进行度量。最后,农业补贴政策效率测度是一种多产出的情况,涉及粮食生产、农民收入等诸多方面的内容。因此,评价农业补贴政策效率使用 DEA 方法有很大的优势。

目前使用最普遍的 DEA 模型包括 C^2R 模型、BCC 模型、C^2GS^2 模型等,其中 C^2R 模型、BCC 模型是最先被提出和应用的,其他模型都是在这两个模型的基础上构建的。C^2R 模型假设决策单元的收益规模不变,衡量的是决策单元的整体效率。在使用该模型进行效率评价时,假设共有 n 个决策单元,每个决策单元(DMU)有 s 种产出、m 种投入,第 i 个 DMU 的效率即是求解下面的线性规划问题:

$$\begin{cases} \min_{\theta,\lambda}\theta \\ s.\ t.\ -y_i+Y\lambda \geq 0 \\ \theta x_i - X\lambda \geq 0 \\ \lambda > 0 \end{cases} \tag{7.1}$$

其中,x_i、y_i 分别是第 i 个决策单元的投入数量和产出数量;X 和 Y 表示 n 个决策单元的总投入和产出量,分别为 $m \times n$ 和 $s \times n$ 矩阵;θ 表示第 i 个决策单元的效率值,且 $\theta \leq 1$。当 θ 的值达到 1 时,决策单元相对有效,即达到最优状况,处于生产前沿面上;当 θ 的值小于 1 时,决策单元位于生产前沿面之下,即没有达到最优状态,存在着效率的损失。

如果一个决策单元处于无效率状态时,造成这种无效率可能是以下两种原因:一个是技术方面;而另一个可能是决策单元的生产规模的因素,即生产规模没有达到最优规模而造成生产的无效率,是一种非技术的无效率,C^2R 模型无法反映上述情况。因此,R. D. Banker、A. Charnes、W. W. Cooper(1984)放松了规模报酬不变的假定,提出了规模报酬可变的 BCC 模型。在原来 C^2R 模型的基础上加入另一个约束条件 $\sum_{j=1}^{n}\lambda_i = 1$,则可转变为基于可变规模报酬的 BCC 模型,它可将技术效率分解为纯技术效率与规模效率。

7.2.2　Malmquist 生产指数法

1953 年,Malmquist 生产指数法在消费分析过程中首次被提出,随后与 DEA 模型相结合广泛运用于效率测算中。因此,这里使用的 Malmquist 生产指数是第 t 期与第 $t+1$ 期的集合平均数(Caves et al.,1982),具体表达式为:

$$M(x_t, y_t, x_{t+1}, y_{t+1}) = \left[\frac{D^t(x_{t+1}, y_{t+1})}{D^t(x_t, y_t)} \times \frac{D^{t+1}(x_{t+1}, y_{t+1})}{D^{t+1}(x_t, y_t)} \right]^{\frac{1}{2}} \qquad (7.2)$$

式中,第 t 期与第 $t+1$ 期的投入产出关系分别用 (x_t, y_t) 与 (x_{t+1}, y_{t+1}) 表示;$D^{t+1}(x_t, y_t)$ 与 $D^t(x_{t+1}, y_{t+1})$ 是生产点在混合期与前沿上技术相比较得到的投入距离函数;$D^t(x_t, y_t)$ 是生产点在 t 时间段与前沿上技术相比较得到的投入距离函数,$D^{t+1}(x_{t+1}, y_{t+1})$ 是生产点在 $t+1$ 时间段与前沿上技术相比较得到的投入距离函数。

Fare 等(1994)根据 Malmquist 生产指数法,将全要素生产率分解为技术变动指数和技术效率变动指数,前者指低效率的生产要素组合相对于前沿上的移动,后者指生产前沿上自身的移动。其中,技术效率指数又可以分解为纯技术效率指数与规模效率指数。由(7.2)式可以分解为如下表达式:

$$M(x_t, y_t, x_{t+1}, y_{t+1}) = \underbrace{\frac{S^t(x_t, y_t)}{S^t(x_{t+1}, y_{t+1})}}_{S} \times \underbrace{\frac{D^t\left(x_{t+1}, \frac{y_{t+1}}{VRS}\right)}{D^t\left(x_t, \frac{y_t}{VRS}\right)}}_{P} \times \underbrace{\left[\frac{D^t(x_{t+1}, y_{t+1})}{D^{t+1}(x_{t+1}, y_{t+1})} \times \frac{D^t(x_t, y_t)}{D^{t+1}(x_t, y_t)} \right]^{\frac{1}{2}}}_{T}$$

上式中,$\dfrac{S^t(x_t, y_t)}{S^t(x_{t+1}, y_{t+1})}$ 为规模效率指数 S,$\dfrac{D^t\left(x_{t+1}, \frac{y_{t+1}}{VRS}\right)}{D^t\left(x_t, \frac{y_t}{VRS}\right)}$ 为纯技术效率指数

P,$\left[\dfrac{D^t(x_{t+1}, y_{t+1})}{D^{t+1}(x_{t+1}, y_{t+1})} \times \dfrac{D^t(x_t, y_t)}{D^{t+1}(x_t, y_t)} \right]^{\frac{1}{2}}$ 为技术指数 T。由此可知,技术指数 T、纯技术效率指数 P 和规模效率指数 S 构成了全要素生产率的变化。注意:若技术指数 $T>1$,则在考察期实现了技术进步的跨越;若纯技术效率指数 $P>1$,则管理改善提高了效率;若技术指数 $T>1$,则生产率得到提升。反之,若技术指数 T、纯技术效率指数 P 和规模效率指数 S 均小于 1,则效率恶化。

7.3 农业补贴政策效率的实证分析

7.3.1 基于 DEA 模型的实证分析

基于第 4 章、第 5 章和第 6 章的分析,本章主要确定两方面的内容:一是将湖北省依然分为粮食主产区和非粮食主产区,研究对象是 2006—2015 年这 10 年间湖北省 17 个地区:武汉市、黄石市、十堰市、宜昌市、襄阳市、鄂州市、荆门市、孝感

市、荆州市、黄冈市、咸宁市、随州市、恩施土家族苗族自治州、仙桃市、天门市、潜江市、神农架林区。二是投入变量包括粮食直补、农资综合补贴、良种补贴、农业从业人员、粮食作物播种面积等5个变量,我国粮食补贴战略的最终目的是保障国家粮食安全和提高农民收入,因此产出变量包括粮食产量和农民人均纯收入。

(1)采用统计学方法确定本章评价体系是否合理。一是基于K-S同分布检验过程构建评价体系(1),将粮食产量和农民人均纯收入作为产出指标,粮食直补、农资综合补贴、良种补贴、农业从业人员、粮食作物播种面积作为投入指标。本章在规模报酬不变假设下基于投入导向型 DEA 模型,利用 Deap2.1 软件测算得到2006—2015 年湖北省 17 个地区的农业补贴政策效率,将其记为 T_1。二是从投入指标中去除农业从业人员指标,评价体系变成(2),此时评价测算得到的粮食补贴效率记为 T_2。此时,K-S同分布检验结果显示:χ 显著性水平 Asymp. Sig $=0.993$,说明去除农业从业人员指标并不会影响农业补贴政策效率结果的显著性,因此,评价体系(2)成立。三是进一步将粮食作物播种面积的评价体系(2)中去掉形成评价体系(3),此时评价测算得到的农业补贴政策效率记为 T_3。将 T_2 和 T_3 经过 K-S 同分布检验后,χ 显著性水平 Asymp. Sig 依然是大于 0.01 的。四是继续将良种补贴从评价体系(3)中去掉,此时评价测算得到的粮食补贴效率记为 T_4。将 T_3 和 T_4 经过 K-S 同分布检验后,Kolmogorov-Smirnov Z $=3.514$,Asymp. Sig $=0.000$,拒绝同分布的原假设,由此可以得出文章确定最终投入指标中的粮食直补、农资综合补贴、良种补贴是合理的。

同理,基于产出指标,将农民纯收入从中剔除形成评价体系(5),此时评价测算得到的粮食补贴效率记为 T_5。将 T_3 和 T_5 经过 K-S 同分布检验后,Kolmogorov-Smirnov Z $=2.723$,Asymp. Sig $=0.000$,同样拒绝同分布的原假设,由此可以得出文章将粮食产量和农民人均纯收入作为产出指标也是合理的。

(2)基于 DEA 模型运用 DEAP Version 2.1 软件进行计算,得到2006—2015 年湖北省农业补贴政策效率的结果,如表 7.1 所示:2006—2015 年,无论是湖北省整体(除 2011 年外),还是粮食主产区和非粮食主产区,技术效率均值都低于规模效率均值,这说明湖北省农业补贴政策效率无效主要是由纯技术效率引起的。根据表 7.1 的测算结果可以发现这样的事实:一是技术效率较低,即制度设计、补贴手段、操作层面的漏损问题存在;二是在既定农业补贴制度下,补贴规模效率与实际补贴并不匹配。

表 7.1 湖北省农业补贴政策的平均效率

年份	湖北全省			粮食主产区			非粮食主产区		
	综合效率均值	技术效率均值	规模效率均值	综合效率均值	技术效率均值	规模效率均值	综合效率均值	技术效率均值	规模效率均值
2006	0.808 4	0.892 4	0.905 9	0.792 6	0.876 8	0.904 0	0.756 0	0.865 1	0.873 8
2007	0.809 4	0.896 1	0.903 2	0.799 6	0.880 7	0.907 9	0.765 8	0.870 7	0.879 5
2008	0.826 5	0.900 7	0.917 6	0.891 8	0.930 1	0.958 9	0.858 1	0.921 7	0.931 0
2009	0.839 5	0.910 7	0.921 8	0.908 5	0.938 7	0.967 8	0.853 3	0.919 1	0.928 4
2010	0.832 5	0.898 3	0.926 8	0.814 2	0.888 7	0.916 2	0.810 4	0.895 7	0.904 7
2011	0.841 8	0.918 9	0.916 1	0.819 0	0.891 3	0.918 9	0.854 5	0.919 8	0.929 1
2012	0.840 7	0.918 8	0.915 0	0.841 3	0.903 4	0.931 3	0.865 5	0.925 6	0.935 0
2013	0.841 9	0.903 7	0.931 6	0.866 5	0.916 8	0.945 1	0.845 4	0.914 8	0.924 1
2014	0.852 9	0.909 6	0.937 7	0.891 6	0.930 0	0.958 7	0.904 7	0.946 4	0.956 0
2015	0.907 8	0.943 4	0.962 3	0.913 6	0.941 4	0.970 5	0.919 0	0.953 9	0.963 5
平均值	0.840 0	0.909 3	0.923 8	0.853 9	0.909 8	0.937 9	0.843 3	0.913 3	0.922 5

根据表 7.1 和图 7.2,可以比较湖北全省、粮食主产区和非粮食主产区的农业补贴综合效率情况:相对于全省和非粮食主产区,粮食主产区的农业补贴效率最高,在 2006—2015 年,粮食主产区的农业补贴综合效率呈上升趋势,其均值达到 0.853 9,超出全省平均水平 0.013 9;2015 年粮食主产区的农业补贴综合效率达到了 0.913 6,比 2006 年增长了 15.27%;在粮食主产区,在 2006—2015 年纯技术效率均值为 0.909 8,即纯技术效率均值未达到 1,表明纯技术效率没有达到有效前沿;规模效率均值为 0.937 9。基于全省数据可知,2006—2015 年,湖北省农业补贴综合效率均值为 0.821 5,超过了全国的平均值水平(乔金杰,2015);2006—2015 年,农业补贴综合效率大致呈上升趋势,其均值为 0.840,在 2015 年全省达到 0.9078,比 2006 年增长了 12.30%;2006—2015 年纯技术效率均值为 0.909 3,规模效率均值为 0.923 8。基于非粮食主产区的数据可知,农业补贴综合效率也大致呈上升趋势,其均值为 0.843 3,在 2015 年非粮食主产区达到 0.919 0,比 2006 年增长了 21.56%;2006—2015 年纯技术效率均值为 0.913 3,规模效率均值为 0.922 5。

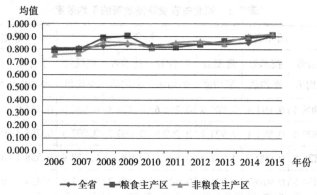

图 7.2 湖北省农业补贴政策效率的变化趋势图

根据表 7.2 可知,基于纯技术下效率可知,2006—2015 年,湖北省 17 个地区的纯技术效率均未达到 1,表明纯技术效率没有达到有效前沿,但是有 6 个地区的纯技术效率均值超过了平均水平,分别是武汉市、宜昌市、孝感市、荆州市、仙桃市和潜江市。值得注意的是,武汉市的纯技术效率均值最高,达到 0.924 2;襄阳市的纯技术效率均值最低,为 0.890 3。

基于规模效率可知,2006—2015 年,湖北省 17 个地区的规模效率均值均高于 90%,并且有 10 个地区的规模效率均值超过了平均水平,分别是武汉市、黄石市、十堰市、襄阳市、鄂州市、荆门市、黄冈市、随州市、仙桃市、天门市。此外,武汉市的规模效率均值最高,达到 0.953 5;荆州市的规模效率均值最低,为 0.910 6。

基于地区层面的综合效率,由于纯技术效率与规模效率之积为综合效率,因此分析综合效率需将纯技术效率和规模效率结合起来。2006—2015 年,综合效率均未达到 1,即湖北省 17 个地区的综合效率均是无效的,并且纯技术效率均低于规模效率,这再次验证了湖北省综合效率不高的主要原因在于纯技术效率较低,而不是规模效率较低。此外,武汉市、黄石市、宜昌市、鄂州市、荆门市、孝感市、仙桃市和潜江市这 8 个地区的农业补贴综合效率超过湖北省整体水平,其农业补贴综合效率均值分别为 0.881 2,0.853 6,0.844 5,0.843 4,0.842 6,0.842 8,0.847 1,0.843 6,剩余的 9 个地区的农业补贴的综合效率均未达到湖北省整体水平。值得注意的是,武汉市的农业补贴综合效率均值是最高的,恩施土家族苗族自治州农业补贴综合效率均值是最低的。

表7.2　湖北省各地区农业补贴效率测算结果

地区	综合效率均值	纯技术效率均值	规模效率均值
武汉市	0.881 2	0.924 2	0.953 5
黄石市	0.853 6	0.913 2	0.934 7
十堰市	0.833 1	0.902 3	0.923 3
宜昌市	0.844 5	0.924 0	0.914 0
襄阳市	0.823 3	0.890 3	0.924 8
鄂州市	0.843 4	0.907 8	0.929 1
荆门市	0.842 6	0.908 4	0.927 6
孝感市	0.842 8	0.922 1	0.914 0
荆州市	0.837 5	0.919 7	0.910 6
黄冈市	0.836 4	0.899 5	0.929 9
咸宁市	0.830 7	0.906 1	0.916 8
随州市	0.836 5	0.899 8	0.929 7
恩施土家族苗族自治州	0.820 7	0.900 5	0.911 4
仙桃市	0.847 1	0.916 1	0.924 7
天门市	0.830 3	0.898 6	0.923 9
潜江市	0.843 6	0.918 0	0.918 9
神农架林区	0.833 4	0.907 5	0.918 3

7.3.2　基于Malmquist生产率指数的实证分析

农业补贴效率的Malmquist生产率指数是基于技术可变条件下效率变动的考察,具体而言,在规模不变时,将农作物播种面积、农业从业人员和农业补贴总额(粮食直补、农资综合补贴与良种补贴之和)作为投入指标,将农民人均纯收入和粮食产量作为产出指标。然后,使用DEAP2.1软件测算2006—2015年湖北省17个地区农业补贴Malmquist生产率指数及其分解技术效率和技术进步的变化情况,具体如下所示:

表7.3给出了2006—2015年湖北省整体农业补贴政策的Malmquist生产率指数以及相应的分解值。这里选取2006年为基期,相应的Malmquist生产率指数为1。在2006—2015年这10年期间,2007年、2009年、2010年及2013年的Malmquist

生产率指数均小于1,表明这4年的Malmquist生产率指数下降,而其余年份的Malmquist生产率指数均是大于1的。

从总体上看,在2006—2015年湖北省农业补贴政策的Malmquist生产率指数走势可以分为3个阶段:第一阶段是2006—2008年,Malmquist生产率指数呈现先下降再上升的趋势,其均值为1.016 9;第二阶段是2009—2012年,Malmquist生产率指数呈现上升的趋势,其均值为1.003 8;第三阶段是2013—2015年,Malmquist生产率指数也呈现上升的趋势,其均值为1.030 3。值得注意的是,相对于第二阶段,第三阶段上升的幅度相对较小,但均值却大于第二阶段。此外,在2006—2015年这10年的Malmquist生产率指数均值为1.015 7。

从引起生产率变化的原因上看,湖北省农业补贴政策效率在第二阶段和第三阶段呈现上升趋势的主要原因在于规模效率的变动,而非纯技术效率变动;根据表7.3可知,在2006—2015年规模效率变动均值为1.015 1,纯技术效率变动均值为0.994 4。此外,在2006—2015年技术变动均值为1.004 5,小于技术效率变动的均值。

表7.3　2006—2015年湖北省农业补贴政策的Malmquist生产率指数测算结果

年份	Malmquist生产率指数	技术变动	技术效率变动	纯技术效率变动	规模效率变动
2006	1.000 0	1.000 0	1.000 0	1.000 0	1.000 0
2007	0.989 9	0.994 1	0.995 8	0.998 4	0.997 4
2008	1.060 9	1.030 0	1.030 0	1.000 0	1.030 0
2009	0.833 1	0.890 9	0.935 1	0.952 8	0.981 4
2010	0.984 1	0.988 6	0.995 5	0.993 1	1.002 3
2011	1.060 9	1.030 0	1.030 0	1.000 0	1.030 0
2012	1.137 3	1.073 9	1.059 0	1.014 0	1.044 4
2013	0.979 5	0.983 8	0.995 6	0.988 2	1.007 5
2014	1.048 7	1.022 9	1.025 3	0.997 7	1.027 6
2015	1.062 5	1.030 9	1.030 6	1.000 3	1.030 3
均值	1.015 7	1.004 5	1.009 7	0.994 4	1.015 1

表7.4给出了2006—2015年湖北省17个地区农业补贴政策的Malmquist生产率指数均值以及相应的分解值。在2006—2015年,鄂州市、恩施土家族苗族自治州、咸宁市、天门市和神农架林区的Malmquist生产率指数相对较低。其中,天门

市的 Malmquist 生产率指数最低,仅为 0.9126;其余 13 个地区的 Malmquist 生产率指数都不同程度地相对较高,其中,武汉市与黄石市的增幅最为明显,分别达到了1.159 5 和 1.109 2。值得注意的是,襄阳市、咸宁市、恩施土家族苗族自治州、天门市的技术变动均小于1,其主要原因在于这些地方的操作成本较高、发放程序不合理及补贴网的建设不完善等。

从引起湖北省农业补贴政策生产率变化的原因上看,湖北省 17 个地区中,有 7个地区的纯技术效率变动大于规模效率变动,即鄂州市、咸宁市、恩施土家族苗族自治州、仙桃市、天门市、潜江市和神农架林区;其余 10 个地区的规模效率变动均大于纯技术效率变动,这是导致湖北省 17 个地区农业补贴政策效率迥异的主要因素;同时,大部分地区的技术变动均小于技术效率的变动。

表 7.4 2006—2015 年湖北省各地区农业补贴总额的 Malmquist 生产率指数测算结果

地区	Malmquist 生产率指数	技术变动	技术效率变动	纯技术效率变动	规模效率变动
武汉市	1.159 5	1.057 4	1.096 5	1.000 0	1.096 5
黄石市	1.109 2	1.024 3	1.082 9	1.000 0	1.082 9
十堰市	1.061 5	0.999 7	1.061 8	1.000 0	1.061 8
宜昌市	1.065 2	1.013 4	1.051 1	1.000 0	1.051 1
襄阳市	0.977 2	0.978 0	0.999 3	0.993 7	1.005 6
鄂州市	0.945 5	1.012 1	0.934 3	0.974 2	0.959 0
荆门市	1.061 7	1.011 1	1.050 0	0.984 3	1.066 7
孝感市	1.063 0	1.011 4	1.051 1	1.000 0	1.051 1
荆州市	1.045 8	1.005 0	1.040 6	0.993 7	1.047 2
黄冈市	1.073 3	1.003 7	1.069 4	1.000 0	1.069 4
咸宁市	0.926 2	0.966 8	0.958 0	0.987 8	0.969 8
随州市	1.060 8	1.003 8	1.056 9	0.988 4	1.069 2
恩施土家族苗族自治州	0.928 8	0.984 8	0.943 1	0.989 6	0.953 0
仙桃市	0.970 7	1.016 5	0.954 9	0.999 7	0.955 2
天门市	0.912 6	0.976 4	0.934 7	1.000 0	0.934 7
潜江市	0.968 5	1.012 3	0.956 7	1.000 0	0.956 7
神农架林区	0.919 8	1.000 1	0.919 7	0.993 2	0.926 0

7.4　本章小结

本章在农业补贴效率的评价理论上,借鉴经济学中的投入产出核算方法,将粮食直补、农资综合补贴、良种补贴、农业从业人员、粮食作物播种面积等5个变量作为投入指标,将粮食产量和农民人均纯收入作为产出指标,基于DEA方法测算了2006—2015年湖北省17个地区的农业补贴政策效率,同时将农业补贴政策的综合效率分解为纯技术效率与规模效率。测算结果表明,湖北省农业补贴效率不高的主要原因在于纯技术效率无效。这说明湖北省农业补贴政策的技术效率较低,即存在制度设计(面向6亿农民的“撒胡椒面”式普惠补助)、补贴手段、操作层面的漏损等问题;此外,在既定农业补贴制度下,湖北省农业补贴规模效率与实际补贴并不相匹配。进一步实证分析表明,全省、粮食主产区和非粮食主产区的农业补贴效率均呈上升趋势,相对于全省和非粮食主产区,粮食主产区的农业补贴政策效率最高;湖北省17个地区的综合效率均是无效的,并且纯技术效率均低于规模效率,这再次验证了湖北省综合效率不高的主要原因在于纯技术效率较低,而不是规模效率较低。

进一步运用Malmquist生产率指数进行分析,2006—2015年湖北省农业补贴总额的Malmquist生产率指数均值为1.015 7,且近些年湖北省农业补贴总额呈上升趋势的原因主要在于技术变动与规模效率的变动,而非纯技术效率变动。此外,从引起生产率变化的原因上看,湖北省17个地区中,有7个地区的纯技术效率变动大于规模效率变动,即鄂州市、咸宁市、恩施土家族苗族自治州、仙桃市、天门市、潜江市和神农架林区;其余10个地区的规模效率变动均大于纯技术效率变动,这是导致湖北省17个地区农业补贴效率迥异的主要因素。基于以上结论,应从以下几方面入手提高粮食产量和农民人均收入水平:

(1)基于湖北省17个地区的补贴依据、补贴标准、补贴范围、补贴规模、生产技术水平及农业生产规模等不同,致使湖北省17个地区农业补贴的综合效率、纯技术效率和规模效率存在差异,那么农业补贴制度的改进与优化应该区别对待并且分类开展实施。农业补贴政策的主要导向应当是有利于推动农业走产业化、现代化和专业化道路,农业规模化和现代化水平提高后,可使提高农民收入和保障粮食安全得以实现。

(2)在加快湖北省农业生产技术进步的同时,还应该加大力度提高粮食补贴资本的使用效率和农业生产率。值得注意的是,农业生产技术水平与效率的提升和农业生产规模有莫大关联。基于此,湖北省应采用多种形式推进土地经营权流转,鼓励农民扩大农业生产规模,从而使规模经济最大化。

(3)基于湖北省财政补贴能力范围,适度提高农业补贴标准,扩大农业补贴规模。根据本章分析结果,湖北省 17 个地区的农业补贴是规模无效的。基于此,湖北省应该适当扩大各个地区的农业补贴规模,使补贴规模与农业生产规模相匹配,从而提升农业补贴政策效率。

8 结论与展望

农业补贴政策是国家对农业支持与保护的政策体系中最主要的政策工具。政府通过实施财政手段,在农业的生产、流通及贸易等诸环节推行转移支付,达到调节资源配置的目的,将资源转移到农业方面,从而支持农业的发展。中国正处于经济新常态时期,市场对农产品质量和安全提出更高要求,农业产业发展面临的市场约束和资源环境矛盾凸显,迫切需要推进农业供给侧结构性改革。在此背景下,2017 年中央一号文件继续将"完善农业补贴制度"置于重要地位。为此,探索今后农业补贴政策改革的重点方向及关键环节,确保我国农业持续、稳定发展,事关我国农业现代化建设和经济发展大局。本章对全文的研究内容和结论进行回顾和总结,在此基础上提出对农业补贴政策改革的建议,同时对下一步的研究做出展望。

8.1 主要结论

8.1.1 "三项补贴"政策发挥了积极作用

总体而言,自 2004 年起,国家先后实施的农业"三项补贴",对于促进粮食生产、提高农民收入、推动农业现代化发挥了积极的作用。

首先,"三项补贴"政策中的良种补贴政策对提高粮食单产(产量)具有显著正向影响。理论分析表明,良种补贴改变的是农业(粮食)生产技术,能够提高农作物(粮食)单产,对促进粮食增长具有显著正向影响。实证研究也表明,良种补贴显著地提高了粮食单产,增加了粮食产量。

其次,"三项补贴"中的粮食直接补贴政策与农资综合补贴政策对粮食作物播种面积(产量)的影响并不显著,但大部分系数符号为正,表明具有一定的正面积极作用。理论分析表明,如果粮食直接补贴与农资综合补贴按照脱钩政策执行,则

146

该政策对粮食作物播种面积(产量)的影响是不确定的,需要进一步实证分析。实证检验结果表明,粮食直接补贴与农资综合补贴对粮食作物播种面积(产量)的影响并不显著,但大部分系数符号为正,这意味着两个政策对粮食作物播种面积(产量)增加具有一定的正面积极作用。

再次,"三项补贴"政策中的农资综合补贴政策对农业现代化(农业机械化)具有显著的正向影响。理论研究表明,农资综合补贴能够提高农业机械化的应用。实证分析结果也表明,农资综合补贴对农业现代化(农业机械化)具有显著的正向影响。

最后,"三项补贴"政策对提高农民收入都具有显著的正向影响。从理论上来分析,无论是从成本类政策、收入类政策、技术改进类政策,还是从挂钩政策、脱钩政策来分析,农业补贴政策对农民收入的总效应都为正向的。从成本类政策来看,其补贴资金会定向降低粮食作物的生产成本,在其他条件不变的情况下,会形成对农户种植粮食作物的激励,扩大粮食作物播种面积,提高粮食产量,从而提高农户的粮食收入,即农户收入提高;从收入类政策来看,"三项补贴"的发放属于惠农利农的政策性补贴,对农户收入的影响存在直接效应和间接效应;从技术改进类政策来看,技术进步能够改善粮食生产技术,提高农业种植效率,在其他条件不变的情况下,可以提高粮食作物单产,继而提高农户收入。因此,从理论上可以得出结论,即"三项补贴"能够提高农户收入。从实证分析上来看,粮食直接补贴、农资综合补贴、良种补贴对农户收入均存在显著的正向关系。实证检验的结果表明,亩均和户均粮食直接补贴对湖北省总体的农民收入影响的估计系数均通过显著性检验,置信水平为5%,且方向为正,表明随着粮食补贴资金的增加,农民收入将增加;亩均和户均农资综合补贴对湖北省整体的农户收入均在10%的置信水平上显著,且影响方向为正,也就是说农资综合补贴降低了农户的生产成本,有助于农户将更多的财富用于投资;亩均和户均良种补贴对湖北省整体的农户收入的影响在1%的置信水平上是正向显著的,说明良种补贴对农民的收入具有显著的正向影响,效果较好。因此,从实证分析的结果来看,"三项补贴"对提升农户收入发挥了一定的积极作用。

8.1.2 "三项补贴"的政策效能逐步降低

随着农业农村发展形势发生深刻变化,农业"三项补贴"政策的执行均呈现简化趋势,并未与农业生产相挂钩,政策的效应递减,政策效能逐步降低。

第一,农业"三项补贴"政策已演变成农民的收入补贴,政策缺乏指向性、精准

性和实效性。虽然农业"三项补贴"政策的初衷规定补贴与农业生产密切挂钩,以促进农业生产、保障粮食安全;但由于挂钩类的农业补贴政策的执行需要消耗大量的人力、物力和财力,因此在执行过程中,"三项补贴"均按照农户承包的土地面积进行补贴的,已演变成为农民的收入补贴,政策缺乏指向性、精准性和实效性。

第二,农业"三项补贴"政策并未与农业(粮食)生产相挂钩,政策的效应递减,政策效能逐步降低。粮食直接补贴政策已成为"收入型福利",粮食直接补贴政策的农民增收效应显著存在,对湖北省总体、粮食主产区以及非粮食主产区的农民种粮积极性(粮食作物播种面积)没有影响,实施效果不太好。通过回顾湖北省粮食直接补贴政策的实施历程,得知粮食直接补贴对生产粮食的农民直接补贴现金,补贴金额以农户上年度粮食实际种植面积为依据,但后期在补贴发放时有些地区与粮食作物播种面积挂钩。从理论上讲,当粮食直接补贴与粮食作物播种面积挂钩时,对粮食生产成本产生影响,从而引导农民增加粮食作物种植面积;当其未与粮食作物播种面积挂钩时,对粮食作物播种面积没有影响。粮食直接补贴从直接效应和间接效应两方面促进农民收入的增加。通过实证研究发现,粮食直接补贴的预期目标并没有完全实现,粮食直接补贴对湖北省总体、粮食主产区、非粮食主产区均没有通过显著性检验,且粮食直接补贴的估计系数值非常小,几乎接近为0,这说明粮食直接补贴对粮食作物播种面积并没有影响。粮食直接补贴对湖北省总体、非粮食主产区的农民收入影响的估计系数均通过显著性检验且为正,表明随着粮食补贴资金的增加,农民收入将增加,但对粮食主产区农民收入影响的系数为负。

8.2 政策建议

基于本书对农业补贴政策效应的测度,同时结合前文回顾的农业补贴政策体系框架,为了完善我国农业补贴政策,进一步提高农业补贴政策实施效果,本书提出如下政策建议。

8.2.1 调整完善"三项补贴"政策

第一,提高政策的指向性、精准性和实效性,提高政策效能。如果农户将农业补贴视为政府福利,丧失从事农业劳动积极性,对补贴持一种理所应当的态度,将不利于农业发展和农民生活。基于上文的实证结果与结论,湖北省粮食直接补贴和农资综合补贴政策的实施效果不佳,尽管与农户收入存在显著的相关关系,但是农户易于将"粮食直接补贴"和"农资综合补贴"当作"收入性福利"。粮食直接补贴和农资综合补贴没有坚持以粮食作物播种面积为标准的补贴发放规定,对农户的种粮积极性均没有显著的正向刺激作用,与农业补贴的实施目标不一致,因此必须做出调整。从区域来看,粮食直接补贴和农资综合补贴对粮食主产区和非粮食主产区农户的种粮积极性均不存在显著作用。粮食主产区的农户拥有的土地质量较高,自然禀赋相对较强;非粮食主产区的农户拥有的土地质量较低,自然禀赋相对较弱,粮食直接补贴和农资综合补贴对农户的种粮积极性无论是从绝对影响还是从边际影响来看,都不足以弥补农户对自然禀赋的依赖。因此,应提高政策的指向性、精准性和实效性,提高政策效能。

第二,保持补贴政策的连续性稳定性,保障广大农民的基本利益,通过"绿箱政策"加大对农业农村的支持力度。现如今的农业补贴政策以"农业保护支持补贴"为主,其主要目标是保护耕地地力。但是,不应局限于耕地地力保护,应当丰富其内涵。保护广大农民群众的基本利益是调整完善农业补贴政策、改革农业补贴制度必须坚守的底线,维护好、实现好广大农民的基本利益是调整完善农业补贴政策、改革农业补贴制度必须遵循的首要原则。因此,应做到农业"三项补贴"总量只增不减,补贴力度不降。

8.2.2 提高农业补贴政策资金的使用效率

第一,推进涉农资金归并整合。目前,在国家财政农业补贴方面投入了大量资金。尽管涉农资金投入不断增加,农户切实从中受益,但在资金管理方面仍然存在一定问题,如多头管理、使用分散、重复投入等,使涉农资金无法充分发挥其使用效益,从而造成资源的极大浪费。基于以上情况,推进涉农资金归并整合,提高农业补贴政策资金使用效率,对优化我国农业补贴政策具有重要意义。

推进涉农资金归并整合主要从以下几方面着手:首先要进一步简化放权,赋予地方更多的自主权。中央政府过度集权不利于项目的具体实施,应将权利交由地方政府,由地方政府自主安排,方可大大提高项目推进效率。其次,改进预算管理。预算编制是涉农资金管理的首要步骤,需从源头上进行归并整合。因此,某些性质相同或相似的项目可进行合并,设立专项资金时要严格审查。最后,加大涉农资金监管力度。建立健全相关法律制度,对涉农资金使用严格监管,避免出现贪污、挪用等恶劣情况,确保资金安全并真正用于广大农户,充分发挥其最大效益。

第二,实施差异化的补贴政策。我国幅员辽阔,各地地理环境、自然条件差异较大,农户之间也千差万别,对农业补贴的需求各不相同。可针对各地实际情况,制定差异化的补贴政策,以便充分适应当地需求,提高资金使用效率。一方面,资

金可适当向地理位置偏远、自然条件恶劣等地区倾斜。因为相对其他地区而言,这类地区对农业补贴的需求更加强烈,适当增加一部分补贴资金,可进一步保障农民收入与粮食安全。另一方面,可对种植大户进行重点补贴。当前农业补贴中一部分资金是根据单位种植面积发放的,种植面积过小的农户极有可能将这笔资金用于非农业生产领域。而种植大户一般对农业补贴需求更大,进行重点补贴有利于适度鼓励其进行规模化经营,促进劳动生产率的提高。

此外,应根据当地特色农产品进行特色补贴。如对水稻、小麦等粮食主产区进行粮食重点补贴,而对非粮食主产区可根据当地实际情况,重点补贴水果、烟草、药材等特色农产品,鼓励发展特色农业。

第三,拓宽补贴资金来源。目前农业补贴资金主要来自国家财政投入,缺乏引导社会团体、组织和企业参与农业补贴的机制,资金渠道较为单一,补贴力度明显不足,资金难以保障,无法充分发挥效益,这也成为制约农业发展的一大瓶颈。因此,应在加大财政投入的基础上,积极扩宽农业补贴资金来源,构建多元化的农业补贴来源资金。一方面,加强宣传和引导,呼吁社会加大对"三农问题"的关注力度,鼓励社会团体、组织和企业通过募捐等方式广泛参与农业补贴,增加资金筹措渠道;对积极性、参与度较高的群体给予奖励,形成一股良好的社会风气。另一方面,可适当借鉴美国"贷款差额补贴"政策,将财政补贴与银行信贷支持相结合,也是一条值得探索的道路。

第四,扩大农业补贴对象,促进补贴向新型经营主体倾斜,强化对粮食适度规模经营的支持。随着农业现代化进程的不断推进,各种新型农业经营主体,如专业大户、家庭农场、农民专业合作社、涉农企业等也逐步兴起,成为加快农业现代化发展的重要力量。与普通农户相比,新型农业经营主体在发展生产、增加效益、提升竞争力等方面具有显而易见的优势,也能对普通农户起到一定的辐射带动作用。目前新型农业经营主体发展状况良好,总体而言具有较高的人力资本、较强的创新意识,获得经济效益的能力较为突出,同时也能够带动乡村劳动力就业,促进电子商务、乡村旅游等产业的发展,对当地社会发展具有重要意义。但新型农业经营主体也存在部分问题,如政策扶持力度不够等。因此,加大新型农业经营主体扶持力度,提高农业补贴,落实政策极有必要。一方面,可加快新型农业经营主体发展壮大的步伐;另一方面,可带动广大农户共同走向脱贫致富之路。

8.2.3　改进和创新农业补贴政策的补贴方式

第一,农业保护支持补贴应按固定标准进行发放。农业保护支持补贴的实施目标之一是保护耕地地力,对那些未按照要求保护耕地地力的农户,如将耕地转变为水池以养鱼虾或其他水产品,或是在耕地上种植树木使其丧失农作物的种植功能,或是长年抛荒耕地,或是用工业厂房、道路、房舍等占据耕地等,应当停止发放农业保护支持补贴。

对种植粮食作物的农户而言,应当继续坚持以粮食作物播种面积为标准的补贴发放形式。在土地流转的形势之下,土地的承包权和经营权发生分离,对农业保护支持补贴的对象存在重大分歧,往往会导致各种纠纷。对于已经将土地流转出去的农户,需要将补贴对象明确为土地经营者,而不是土地流出者。

第二,加强和增设强农补贴政策,补贴方式以"绿箱"补贴为主。农业补贴政策的实施意义在于响应党中央"稳增长、促改革、调结构、惠民生"的总体要求,在于对农业生产的保护与有效激励。因此,农业补贴不能促使农户产生"不种地得补贴"的懒惰心理,更应当从根本上发挥功能性补贴的作用。为了使农业能够真正发展起来,得到质的提升与飞跃,一方面,需要加强和增设"强农补贴"政策,提高补贴政策的针对性和实效性。强农补贴政策的落实,主要体现在对农业新型经营主体的倾斜上面,而这也是对党和国家在供给侧结构性改革要求在农业领域的积极响应。从另一方面来讲,补贴形式不可影响农民主体的种粮意愿,同时也不能影响农户的农业生产经营活动,否则会导致补贴政策在实施过程中与初衷相悖。然而,农业政策性补贴具有收入效应,能够对农户收入有显著影响,也即对农民经营主体的农业生产经营活动依然具有一定的作用。因此,补贴方式应当为"绿箱"补贴,也就是说政府的农业补贴政策在实施中的费用应当从财政收入中而来,而不是从消费者的手中而来;并且,农业补贴政策的实施对生产者不能提供"价格支持",也就是说对农业生产经营活动没有或只有一点点的作用。

第三,创新农业补贴发放方式,防止涉农补贴资金的漏损。在农业补贴发放层面,各级政府及相关部门应当做好专项资金账户的设立与监管,做到有据可依、有案可查。关于农户、村集体、乡镇等各级政府部门的相关数据,应该建立多维度的数据库,各级各类的数据资料都应当翔实可靠、专项管理,一定要做到及时更新。如果将科技创新的成果应用到政府办公当中,就能够为农业补贴政策做好服务,提升办事效率。

最重要的是,要充分利用信息化的手段为农业补贴的发放保驾护航,可以做到在发放农业补贴时不重不漏、不多不少,从而有效防止涉农补贴资金的漏损。充分利用科技创新带来的红利,采用信息化的技术对农户的各项资料,尤其是农业生产、经营、运作等方方面面的数据和文本资料予以统计整理,做到实时更新。无论

是采用何种补贴标准,都能做到公平、公正、公开并且高效。这既节省了政府部门的行政成本,也提高了政策实施的效率。

8.2.4　加强农业补贴政策的宣传和执行监督

第一,采取多种渠道宣传农业补贴政策。农业补贴政策的落实及其政策效果的优劣取决于相关部门对政策的宣传和指引工作做得是否到位。第一步要加强对市镇两级相关政府部门领导干部的培训和思想教育工作,尤其是要抓好村干部的思想工作,提升他们对政策精神的理解和把握能力。这是因为村干部是联系农户最紧密的干部,农业补贴政策的有效落实离不开村干部的积极配合,否则就算是切实为人民服务的惠农、利民政策,也会在最后一环出岔子,无法真正达到实施政策的目标。因此,加强对农业补贴政策的宣传,尤其是对村级干部的思想教育工作要加强,好政策的实施在最后一步不能功亏一篑。第二步可以采取多种手段对农业补贴政策进行宣传,如由相关党政干部主持召开相关主题的党员代表大会,提升党员同志的领头作用;或者在村落醒目的位置张贴大字报,吸引村民对农业补贴政策的注意力,加强他们对农业补贴政策精神的理解和支持;或者召开村民代表大会,在村民之中形成良好的政策宣传氛围,发挥党员同志、村民代表的带头作用。采取多种渠道的农业补贴政策宣传手段,能够让民众充分理解农业补贴政策的精神,在村中形成良好的政策氛围,有助于政策的有效落实。

第二,加强农业补贴监督机制,推进农业补贴法治化。形成有力的监督机制,能够为农业补贴政策保驾护航。农业补贴法治化的推进,能够有效防止贪污腐败行为的发生,使农业补贴金额不会被损漏,发挥最大化的效用。

加强农业补贴的监督机制,首先要建立上下监督、第三方监督的监督体系。农业补贴的拨付、发放都需要做到公正化、透明化,需要建立健全职能部门的上下监督机制,防止相关人员枉顾人民群众的切身利益,从中获取私利。监督机制必须要将从上而下、从下而上相结合,要将自我监督、第三方监督相结合,并且重视推进农业补贴的法治化。

8.3　研究不足与展望

8.3.1　研究不足

本书着重从理论和实证上分析了粮食直接补贴、农资综合补贴、良种补贴这三大直接补贴对其预期目标的影响,并评价三大补贴政策实施效果,未探讨粮食最低收购价、目标支持价格以及农民培训、测土配方施肥等农业补贴政策实施效果。

8.3.2 研究展望

农业补贴政策是一个系统体系，其涉及的范围很广。由于数据的可获得性、样本的选择、研究方法的使用及个人研究能力的限制，笔者对农业补贴政策效应的研究还存在着一定的完善空间。因此，笔者进一步提出以下研究建议：

第一，由于时间关系，本书着重从理论和实证上分析了粮食直接补贴、农资综合补贴以及良种补贴这三大主要直接补贴对其预期目标的影响，并评价三大补贴政策实施效果，未探讨粮食最低收购价、目标支持价格以及农民培训、测土配方施肥等农业综合支持补贴的政策效果。笔者在后期将会对这些未探讨的农业补贴政策实施效果进行逐一研究。

第二，本书是从宏观角度分析农业补贴政策实施效果的。宏观研究有助于把握方向性，但微观方面的研究可以得到农户对农业补贴的主观感受和单个农户的行为特征，从而从农户的角度出发来研究农业补贴政策的实施效果。因此，笔者在后期将会采用微观调研数据对农业补贴政策实施的效果进行更加全面的研究。

参考文献

[1] AHEARN M C, EL-OSTA H, DEWBRE, J. The Impact of coupled and decoupled government subsidies on off-farm labor participation of US farm operators [J]. American Journal of Agricultural Economics, 2006, 88(2): 393-408.

[2] AISTON J M, JAMES J S. The incidence of agricultural policy[J]. Handbook of Agricultural Economics, 2002, 2(1):1689-1749.

[3] BALL V E, FANFANI R, GUTIERREZ L. The economic impact of public support to agriculture[M]. New York: Springer, 2010.

[4] BICKNELL K B, WILEN J E, HOWITT R E. Public policy and private incentives for livestock disease control [J]. The Australian Journal of Agricultural and Resource Economics, 1999, 43(4): 501-521.

[5] BRADY M, KELLERMANN K, SAHRBACHER C, et al. Impacts of decoupled agricultural support on farm structure, biodiversity and landscape mosaic: some EU results[J]. Journal of Agricultural Economics, 2009, 60(3):563-585.

[6] BREEN J P, HENNESSY T C, THORNE F S. The effect of decoupling on the decision to produce: an Irish case study [J]. Food Policy, 2005, 30 (2): 129-144.

[7] BREGGIN L, MYERS D. B. Jr. Subsidies with responsibilities: placing stewardship and disclosure conditions on government payments to large-scale commodity crop operations[J]. Harvard Environmental Law Review, 2013, 37(2): 487-538.

[8] BURFISHER M E, HOPKINS J. Decoupled payments: household income transfers in contemporary U. S. Agriculture, Agricultural Economics Report No. 822[R]. Washington DC :USDA, 2003.

[9] CHAU N H, DE GORTER H. Disentangling the production and export consequences of direct farm income payments, paper presented at American Agricultural Economics Association Annual Meetings, Tampa, Florida, USA, 2000.

[10] ClAUDIO P. Assessing protectionism and subsidies in agriculture: a gravity approach[J]. Journal of International Development, 2008, 20(5):628-640.

[11] DEWBRE J, ANTÓN J, THOMPSON W. The transfer efficiency and trade effect s of direct payments[J]. American Journal of Agricultural Economics, 2001, 83 (5):1204-1214.

[12] DIMARANAN B, HERTEL T W, KEENEY R. OECD domestic support and the developing Countries[R]. GTAP Working Paper, 2003(19).

[13] GOODWIN B K, MISHRA A K. Are "decoupled" farm program payments really decoupled? An empirical evaluation [J]. American Journal of Agricultural Economics, 2006, 88(1):73-89.

[14] FAN S, GULATI A, THORAT S. Investment, subsidies and pro-poor growth in rural India[J]. Agricultural Economics, 2008, 39(2): 163-170.

[15] FELL J, MACLAREN D. The welfare cost of Japanese rice policy with home-good preference and an endogenous import price[J]. Australian Journal of Agricultural and Resource Economics, 2013, 57(4): 601-619.

[16] FUGLIE K O, BALLENGER NRUBENSTEIN K D,. Agricultural research and development: public and private investments under alternative markets and institutions[R]. Agricultural Research and Development, AER-735, 1996.

[17] GALANOPOULOS K, SURRY Y, MATTAS K. Agricultural productivity growth in the Euro-Med region: is there evidence of convergence? [J]. Outlook on Agriculture, 2011, 40(1):29-37.

[18] GALE H F. Growth and evolution in China's agricultural support policies[R]. USDA ERS Economic Research Report, 2013(153).

[19] GALE F, LOHMAR B, TUAN F. China's new farm subsidies[R]. United States Department of Agriculture Outlook Report, 2005.

[20] GOHIN A, LATRUFFE L. The Luxembourg common agricultural policy reform and the European food industries: What's at stake? [J]. Canadian Journal of Agricultural Economics, 2006, 54(1):175-194.

[21] GOHIN A, MOSCHINI G. Evaluating the market and welfare impacts of

agricultural policies in developed countries: comparison of partial and general equilibrium measures[J]. Review of Agricultural Economics, 2006, 28(2): 195-211.

[22] GUASTELLA G, MORO D, SCKOKAI P, et al. The capitalization of fixed per hectare payment into land rental prices: a spatial econometric analysis of regions in EU, paper prepared for presentation at the European Association of Agricultural Economics Congress, Ljubljana, Slovenia, 2014.

[23] GULATI A, SHAMA AN. Subsidizing agriculture: a cross country view[J]. Economic & Political Weekly, 1992, 27(39): A106-A116.

[24] HENNESSY D A. The production effects of agricultural income support policies under uncertainty[J]. American Journal of Agricultural Economics, 1998, 80(1): 46-57.

[25] HOLDEN S, LUNDUKA R. Too poor to be efficient? Impacts of the targeted fertilizer subsidy program in Malawi on farm plot level input use, crop choice and land productivity[R]. Noragric Report, 2010, No. 55.

[26] HUANG J K, WANG X B, ROZELLE S. The subsidization of farming households in China's agriculture[J]. Food Policy, 2013, 41(1): 124-132.

[27] HUFFAKER R G, GARDNER B D. The distribution of economic rents arising from subsidized water when land is leased[J]. American Journal of Agricultural Economics, 1986, 68(2): 306-312.

[28] INHWAN J. Determinants of agricultural protection in industrial countries: an empirical investigation[J]. Economics Bulletin, 2008, 17(1): 1-11.

[29] KEENEY R. Transfer efficiency and distributional impact of US farm support: evidence from a macro-micro simulation[J]. American Journal of Agricultural Economics, 2009, 91(5): 1289-1295.

[30] KEY N, ROBERTS M. Nonpecuniary benefits to farming: implications for supply response to decoupled payments[J]. American Journal of Agricultural Economics, 2009, 91(1): 1-18.

[31] KIRWAN B E. The incidence of US agricultural subsidies on farmland rental rates[J]. Journal of Political Economy, 2009, 117(1): 138-164.

[32] KLEINHANSS W, MURILLO C, San J C, et al. Efficiency, subsidies and environmental adaptation of animal farming under CAP [J]. Agricultural

Economics, 2007, 36(1):49-65.

[33] LUNDUKA R, RICKER-GILBERT J, FISHER M. What are the farm-level impacts of Malawi's farm input subsidy program? A critical review [J]. Agricultural Economics, 2013, 44(6):563-579.

[34] MCCLOUD N, KUMBHAKAR S C. Do subsidies drive productivity? A cross-country analysis of Nordic Dairy Farms[J]. Advances in Econometrics, 2008, 23(1):245-274.

[35] MCGUIRK A, MUNDLAK Y. Incentives and constraints in the transformation of Punjab agriculture [R]. Research Report NO. 87, International Food Policy Research Institute, 1991.

[36] MILLER G. The political economy of international agricultural policy reform[M]. Beijing: China Agriculture Press, 1986.

[37] MOSS C B, SCHMITZ A. Government policy and farmland markets: the maintenance of farmer wealth[M]. Malden: Wiley-Blackwell, 2003.

[38] MUNDLAK Y. Production function estimation: reviving the primal [J]. Econometrica, 1996, 64(2): 431-438.

[39] OH D. A global Malmquist-Luenberger productivity index [J]. Journal of Productivity Analysis, 2010, 34(3): 183-197.

[40] O'NEILL S, HANRAHAN K. Decoupling of agricultural support payments: the impact on land market participation decisions [J]. European Review of Agricultural Economics, 2012, 39(4): 639-659.

[41] RIZOV M, POKRIVCAK J, CIAIAN P. CAP subsidies and productivity of the EU farms[J]. Journal of Agricultural Economics, 2013, 64(3): 537-557.

[42] ROE T L, SOMWARU A L, DIAO X. Do direct payments have intertemporal effects on U S agriculture[M]//MOSS C B, SCHMITZ A. Government policy and farmland markets. Malden: Wiley-Blackwell, 2003, 115-139.

[43] RUSSO C, GOODHUE R E, SEXTON R J. Agricultural support policies in imperfectly competitive markets: why market power matters in policy designs[J]. American Journal of Agricultural Economics, 2011, 93(5): 1328-1340.

[44] ROZELLE S, TAYLOR J E, DEBRAUW A. Migration, remittances and agricultural productivity in China[J]. The American Economic Review, 1999, 89(2): 287-291.

[45] SERRA T, GOODWIN B K. FEATHERSTONE A M. Risk behavior in the presence of government programs[J]. Journal of Econometrics, 2011, 162(1): 18-24.

[46] SHARMA S K. Counter-cyclical payments under Doha negotiations: an analysis of agricultural subsidy programme of the US[J]. Agricultural Economics Research Review, 2014, 27(2):209.

[47] SUMMER D A. Implications of the USA farm bill of 2002 for agricultural trade and trade negotiations [J]. Australian Journal of Agricultural and Resource Economics, 2003, 47(1): 99-122.

[48] TILMAN D, CASSMAN K G, MATSON P A, et al. Agricultural sustainability and intensive production practices[J]. Nature, 2002, 418(6898): 671-677.

[49] TABOR S R, SAWIT M H. Social protection via rice: the OPK rice subsidy program in Indonesia[J]. The Developing Economies, 2001, 39(3): 267-294.

[50] VERCAMMEN J. Farm bankruptcy risk as a link between direct payments and agricultural investment[J]. European Review of Agricultural Economics, 2007, 34(4): 479-500.

[51] WEBER J G, KEY N. How much do decoupled payments affect production? An instrumental variable approach with panel data [J]. American Journal of Agricultural Economics, 2012, 94(1): 52-66.

[52] WHITAKER J B. The varying impacts of agricultural support programs on US farm household consumption[J]. American Journal of Agricultural Economics, 2009,91(3): 569-580.

[53] YANG J, HUANG Z H, ZHANG X B, et al. The rapid rise of cross-regional agricultural mechanization services in China[J]. American Journal of Agricultural Economics, 2013, 95(5): 1245-1251.

[54] YU W S, JENSEN H G. China's agricultural policy transition: impacts of recent reforms and future scenarios[J]. Journal of Agricultural Economics, 2010, 61(2):343-368.

[55] ZHU X Q, LANSINK A O. Impact of CAP subsidies on technical efficiency of crop farms in Germany, the Netherlands and Sweden[J]. Journal of Agricultural Economics, 2010, 61(3):545-564.

[56] 蔡海龙,林万龙. 供给侧结构性改革与农业补贴政策调整[J]. 甘肃社会科

学,2017(4):238-243.

[57] 曹帅,林海,曹慧.中国农业补贴政策变动趋势及其影响分析[J].公共管理学报,2012,9(4):55-63,125.

[58] 陈超,张明杨,石成玉.江苏省水稻良种补贴对保护品种推广的影响[J].华南农业大学学报(社会科学版),2012,11(4):74-81.

[59] 陈东平,丁筱.良种补贴政策的动因与制约因素探讨——基于水稻作物的实证分析[J].南京农业大学学报,2011,34(1)137-142.

[60] 陈慧萍,武拉平,王玉斌.补贴政策对我国粮食生产的影响——基于2004—2007年分省数据的实证分析[J].农业技术经济,2010(4):100-106.

[61] 陈秋珍,SUMELIUS J.国内外农业多功能性研究文献综述[J].中国农村观察,2007(3):71-79.

[62] 程国强,朱满德.中国工业化中期阶段的农业补贴制度与政策选择[J].管理世界,2012(1):9-20.

[63] 程国强.中国农业补贴:制度设计与政策选择[M].北京:中国发展出版社,2011.

[64] 丁文恩.基于公共财政视角的财政农业投入研究[D].北京:北京林业大学,2009.

[65] 董春玉,刘颖.粮食补贴政策对农户收入的影响分析——来自安徽省天长市的实证检验[J].南方农村,2013,29(8):29-33.

[66] 董运来,王大超,余建斌.国外农业支持政策及其启示——以美国为例[J].地方财政研究,2012(12):74-80.

[67] 方福前,张艳丽.中国农业全要素生产率的变化及其影响因素分析——基于1991—2008年Malmquist指数方法[J].经济理论与经济管理,2010(9):5-12.

[68] 方秋爽,沈月琴,张晓敏,等.国内外农业补贴政策研究[J].世界农业,2017(1):81-86.

[69] 冯海发.农业补贴制度改革的思路和措施[J].农业经济问题,2015(3):8-10.

[70] 高帆.中国农业弱质性的依据、内涵和改变途径[J].云南社会科学,2006(3):49-53.

[71] 高鸣,宋洪远,CARTER M.粮食直接补贴对不同经营规模农户小麦生产率的影响——基于全国农村固定观察点农户数据[J].中国农村经济,2016(8):

56-69.

[72] 高玉强.农业补贴制度优化研究[D].大连:东北财经大学,2011.

[73] 高玉强.农机购置补贴、财政支农支出与土地生产率——基于省际面板数据的实证研究[J].山西财经大学学报,2010,32(1):72-78.

[74] 高玉强,贺伊琦.基于 Malmquist 指数的主产区粮食直补效率研究[J].华南农业大学学报(社会科学版),2010,9(3):49-57.

[75] 高玉强,林光祺.国外农业补贴:研究述评与未来展望[J].经济体制改革,2015(4):167-172.

[76] 高玉强,沈坤荣.欧盟与美国的农业补贴制度及对我国的启示[J].经济体制改革,2014(2):173-177.

[77] 谷征.我国农业支持政策对农民收入影响测评[J].农村经济,2014(11):98-101.

[78] 顾卫平,魏星,张弓女,等.WTO 框架下我国农业保护政策:依据、空间、调整[J].上海经济研究,2005(9):30-35.

[79] 郭建军."十二五"期间我国农业支持和保护政策体系[J].经济研究参考,2010(45):14-23.

[80] 郭军,任建超.良种补贴对粮食质量影响程度研究[J].经济纵横,2011(8):86-89.

[81] 韩红梅,王礼力.农户对粮食补贴政策的满意度及其影响因素分析——基于河南省 447 份实地调查数据[J].求索,2013(4):9-12.

[82] 洪自同,郑金贵.农业机械购置补贴政策对农户粮食生产行为的影响——基于福建的实证分析[J].农业技术经济,2012(11):41-48.

[83] 侯明利.中国粮食补贴政策理论与实证研究[D].无锡:江南大学,2009.

[84] 黄汉权,蓝海涛,王为农,等.我国农业补贴政策改革思路研究[J].宏观经济研究,2016(8):3-11.

[85] 黄季焜,王晓兵,智华勇,等.粮食直补和农资综合补贴对农业生产的影响[J].农业技术经济,2011(1):4-12.

[86] 姜长云,杜志雄.关于推进农业供给侧结构性改革的思考[J].南京农业大学学报(社会科学版),2017,17(1):1-10.

[87] 江喜林,陈池波.直补模式下新农业补贴有效率吗?——基于农户要素配置的分析[J].经济经纬,2013(1):22-26.

[88] 孔令刚,蒋晓岚.农村"三变"改革目标、问题与难点突破[J].地方财政研究,2017(7):14-18.

[89] 孔祥智.农业供给侧结构性改革的基本内涵与政策建议[J].改革,2016(2):

104-115.

[90] 匡远配.中国财政支农资金整合问题研究[M].北京:中国经济出版社,2010.

[91] 李德锋.农业弱质性若干表现及原因分析[J].农村经济,2004(11):77-78.

[92] 李冬艳.农业补贴政策应适时调整与完善[J].经济纵横,2014(3):63-66.

[93] 李谷成,李芳,冯中朝.良种补贴政策实施效果的分析与评价——对13省1 486 种植户的研究[J].中国农业大学学报,2014,19(4):206-217.

[94] 李金珊,徐越.从农民增收视角探究农业补贴政策的效率损失[J].统计研究,2015,32(7):57-63.

[95] 李农,万祎.我国农机购置补贴的宏观政策效应研究[J].农业经济问题,2010,31(12):79-84.

[96] 李乾.粮食作物良种补贴政策的产量效应分析——基于省际面板数据的研究[J].农林经济管理学报,2017,16(3):269-276.

[97] 李秋蓉."互联网+"背景下我国农业补贴政策的探索性研究[J].农业经济,2017(2):7-9.

[98] 李莎莎,朱一鸣.我国农资综合补贴政策分析[J].农业经济,2016(3):107-108.

[99] 林万龙,茹玉.对2001年以来中国农民直接补贴政策体系与投入状况的初步分析[J].中国农村经济,2014(12):4-12.

[100] 林赟.关于粮食补贴的供求分析[J].湖南社会科学,2010(1):191-196.

[101] 刘红岩,朱守银.农业供给侧结构性改革的推进方略探讨[J].经济研究参考,2016(30):5-9.

[102] 刘克春.粮食生产补贴政策对农户粮食种植决策行为的影响与作用机理分析——以江西省为例[J].中国农村经济,2010(2):12-21.

[103] 刘旗,刘培培.粮食直接补贴的增产效应——基于河南省面板数据的分析[J].经济经纬,2013(3):36-40.

[104] 刘艳,吴平.我国粮食直补政策效应的实证分析——基于2004—2009年面板数据[J].农村经济,2012(1):17-20.

[105] 龙方,卜蓓.粮食补贴政策对粮食增产的效应分析[J].求索,2013(2):18-20.

[106] 陆福兴.粮食准公共产品属性与国家农业政策[J].粮食科技与经济,2011,36(4):11-13.

[107] 罗必良.农业供给侧改革的关键、难点与方向[J],农村经济,2017(1):1-10.

[108] 罗超平,牛可,但斌.粮食价格、农业补贴与主产区农户福利效应[J].宏观

经济研究,2017(4):122-135.

[109] 罗富民.城镇化发展对农业供给侧结构变动的影响——基于分布滞后模型的实证[J].华中农业大学学报(社会科学版),2017(2):52-59.

[110] 马爱慧,张安录.农业补贴政策效果评价与优化[J].华中农业大学学报(社会科学版),2012(3):33-37.

[111] 毛三丰,田娲,朱美荣.农业补贴对中国农户粮食生产的影响[J].安徽农业科学,2017,45(1):237-238.

[112] 穆月英,小池淳司.我国农业补贴政策的SCGE模型构建及模拟分析[J].数量经济技术经济研究,2009,26(1):3-15,44.

[113] 番绍立.中国农业补贴政策效应:理论解析、实证检验与政策优化[D].大连:东北财经大学,2016.

[114] 彭超.我国农业补贴基本框架、政策绩效与动能转换方向[J].理论探索,2017(3):18-28.

[115] 彭超.中国农业补贴政策的影响研究:宏观效果与微观行为[M].北京:中国农业出版社,2013.

[116] 彭建,刘志聪,刘焱序.农业多功能性评价研究进展[J].中国农业资源与区划,2014,35(6):1-8.

[117] 钱加荣,赵芝俊.现行模式下我国农业补贴政策的作用机制及其对粮食生产的影响[J].农业技术经济,2015(10):41-47.

[118]《强农 惠农 富农》编写组.强农 惠农 富农——党的十六大以来的财政支持"三农"政策[M].北京:中国财政经济出版社,2013.

[119] 乔翠霞.农业补贴绩效影响因素分析——基于政府决策与农户行为反应的视角[J].山东大学学报(哲学社会科学版),2012(1):22-26.

[120] 宋洪远.关于农业供给侧结构性改革若干问题的思考和建议[J].中国农村经济,2016(10):18-21.

[121] 速水佑次郎,神门善久.农业经济论(新版)[M].沈金虎,周应恒,张玉林,等译.北京:中国农业出版社,2003.

[122] 孙顺强,朱桂英.我国粮食直补对粮食产量影响的定量评估——基于2004—2007年29省面板数据的实证分析[J].安徽农业科学,2012,40(14):8334-8335.

[123] 孙新章.新中国60年来农业多功能性演变的研究[J].中国人口·资源与环境,2010,20(1):71-75.

[124] 谭智心,周振.农业补贴制度的历史轨迹与农民种粮积极性的关联度[J].改革,2014(1):94-102.

[125] 王锋.农业三项补贴历史回顾、效率评价与农业支持保护补贴的改进[J].地方财政研究,2017(7):19-25.

[126] 王红梅.供给侧改革与我国农业绿色转型[J].宏观经济管理,2016(9):50-54.

[127] 王慧娟.论农业的弱质性及其保护[J].经济纵横,2007(24):63-64.

[128] 王莉,周密.农业支持保护补贴政策效应研究——基于农户策略选择的博弈经济分析[J].财经理论与实践,2017,38(3):130-134.

[129] 王欧,杨进.农业补贴对中国农户粮食生产的影响[J].中国农村经济,2014(5):20-28.

[130] 王强.农业供给侧改革 科技如何发力[J].中国农村科技,2016(5):4.

[131] 王文娟.新形势下我国农业补贴政策的思考[J].中国行政管理,2011(7):59-62.

[132] 王小林.公共财政与WTO框架下的农业支持政策[J].中央财经大学学报,2005(9):10-13,80.

[133] 王亚芬,周诗星,高铁梅.我国农业补贴政策的影响效应分析与实证检验[J].吉林大学社会科学学报,2017,57(1):41-51.

[134] 王亚运,蔡银莺,朱兰兰.农业补贴政策的区域效应及影响因素分析——以湖北省武汉、荆门、黄冈等典型主体功能区为实证[J].华中农业大学学报(社会科学版),2017(1):8-15.

[135] 王玉霞,葛继红.我国粮食补贴政策低效率的经济学分析[J].贵州社会科学,2009(3):71-75.

[136] 魏茂青.福建省农资综合补贴政策实施效果研究[D].福州:福建农林大学,2013.

[137] 魏茂青,郑传芳.农户对农资综合补贴政策的认知及其影响因素分析——基于福建南平的调研[J].福建论坛(人文社会科学版),2013(5):145-151.

[138] 翁贞林,熊小刚,朱红根,等.江西种稻大户对粮食补贴的政策认知、行为意愿及其对策建议[J].经济问题探索,2008(1):187-190.

[139] 吴敌,明洋.略论农业的弱质性[J],农村经济,2004(11):74-76.

[140] 吴海涛,霍增辉,臧凯波.农业补贴对农户农业生产行为的影响分析——来自湖北农村的实证[J].华中农业大学学报(社会科学版),2015(5):25-31.

[141] 吴连翠.基于农户生产行为视角的粮食补贴政策绩效研究——以安徽省为例[D].杭州:浙江大学,2011.

[142] 吴连翠,柳同音.粮食补贴政策与农户非农就业行为研究[J].中国人口·资源与环境,2012,22(2):100-106.

[143] 吴连翠,陆文聪.基于农户模型的粮食补贴政策绩效模拟研究[J].中国农业大学学报,2011,16(5):171-178.

[144] 吴连翠,谭俊美.粮食补贴政策的作用路径及产量效应实证分析[J].中国人口·资源与环境,2013,23(9):100-106.

[145] 吴天龙,杨春华.农业支持保护政策亟待改革创新[J].当代农村财经,2016(3):24-27.

[146] 肖大伟.中国农业直接补贴政策研究[D].哈尔滨:东北农业大学,2010.

[147] 肖国安.粮食直接补贴政策的经济学解析[J].中国农村经济,2005(3):12-17.

[148] 谢枫.粮食生产补贴、生产要素投入与我国粮食生产效率[D].南昌:江西财经大学,2015.

[149] 辛翔飞,王济民.粮食补贴政策研究综述[J].农业经济,2011(9):3-5.

[150] 辛翔飞,张怡,王济民.我国粮食补贴政策效果评价——基于粮食生产和农民收入的视角[J].经济问题,2016(2):92-96.

[151] 徐盘钢.切实推进农业供给侧结构改革[J].上海农村经济,2016(3):1.

[152] 许舒瑶.基于OECD的日本农业支持水平及政策[J].世界农业,2016(10):115-120.

[153] 闫龙飞.我国准公共品多元化供给研究[D].成都:西南财经大学,2012.

[154] 杨林,袁晓燕,邓丽祺.基于DEA模型的我国地方农业补贴效率评价[J].地方财政研究,2013(4):23-27.

[155] 杨万江,孙奕航.粮食补贴政策对稻农种植积极性影响的实证分析——基于浙江、安徽、江西稻农调查数据分析[J].中国农学通报,2013,29(20):114-118.

[156] 袁宁.粮食补贴政策对农户种粮积极性的影响研究——基于农户问卷调查的实证研究[J].上海财经大学学报,2013,15(2):63-70.

[157] 曾瑜.中国农业直接补贴的政策效应研究——基于河南省4市农村住户调查面板数据,[D].武汉:华中科技大学,2016.

[158] 占金刚.中国粮食补贴政策执行效果分析[J],湖南农业大学学报(社会科学版),2009,10(6):17-21.

[159] 张冬平,郭震,边英涛.农户对良种补贴政策满意度影响因素分析——基于河南省 439 个农户调查[J].农业技术经济,2011(3):104-111.

[160] 张国庆.我国粮食补贴的绩效评估与政策改进[J].农村经济,2012(9):13-17.

[161] 张淑杰,孙天华.农业补贴政策效率及其影响因素研究——基于河南省 360 户农户调研数据的实证分析[J].农业技术经济,2012(12):68-74.

[162] 张伟.河南省农业供给侧结构调整的重点与改革对策[J].河南农业科学,2016,45(12):165-168.

[163] 张学彪,聂凤英.良种补贴政策特点及成效分析[J].农业经济问题,2007(S1):10-15.

[164] 张宇青,周应恒,易中懿,等.农民纯收入影响了农业物质要素投入产出弹性吗——基于江苏地区面板数据的门槛模型分析[J].当代经济科学,2014,36(2):110-117.

[165] 张玉周.粮食补贴对我国粮食生产影响的实证分析[J].财政研究,2013(12):45-47.

[166] 赵凯,张红梅.我国粮食直接补贴政策实施效果综述[J].江苏农业科学,2012,40(9):11-14.

[167] 赵昕.粮食直补政策与农民增收问题研究[J].财政研究,2013(5):51-54.

[168] 钟春平,陈三攀,徐长生.结构变迁、要素相对价格及农户行为——农业补贴的理论模型与微观经验证据[J].金融研究,2013(5):167-180.

[169] 钟甫宁,顾和军,纪月清.农民角色分化与农业补贴政策的收入分配效应——江苏省农业税减免、粮食直补收入分配效应的实证研究[J].管理世界,2008(5):65-70,76.

[170] 周彬.农业支持政策相关研究进展和方向[J].理论月刊,2016(3):121-126.

[171] 周立群,杨国新.现代农业的准公共物品特征及其政策意义[J].经济问题,2009(11):31-34.

[172] 周孟亮,彭雅婷.健全农业支持保护体系研究:基于湖南省的调研[J].农业经济,2015(11):7-9.

[173] 周振,张琛,彭超,等.农业机械化与农民收入:来自农机具购置补贴政策的证据[J].中国农村经济,2016(2):68-82.

[174] D.盖尔.约翰逊.经济发展中的农业、农村、农民问题[M].林毅夫,赵耀辉,编译.北京:商务印书馆,2004.

附　录

　　本书中 2006—2015 年粮食直接补贴、农资综合补贴及良种补贴资金的数据都是从湖北省财政与编制政务公开网获得的。虽然湖北省有 102 个县级单位(38 个市辖区、24 个县级市、37 个县、2 个自治州及 1 个林区),但由于粮食直接补贴、农资综合补贴及良种补贴的数据并不是 102 个县级单位都有的,其中只有 74 个县级单位(即下表列出的 71 个县级单位和随州市曾都区、随县、枣阳市 3 个特例)有这 3 种农业补贴的数据,因此我们初步选取以上 74 个县级单位作为本书的研究对象。同时,由于湖北省行政区划分发生了改变,随县 2009 年以前属于随州市曾都区,并且枣阳市部分数据存有异常,因此剔除随县、随州市曾都区和枣阳市,最终选取湖北省 71 个县级单位(如下)作为研究对象。其中,42 个县级单位为粮食主产区,29 个县级单位为非粮食主产区,具体划分情况如下表所示。

湖北省粮食主产区和非粮食主产区 71 个县(市、区)列表

粮食主产区(42 个):							
武汉市江夏区	武汉市黄陂区	武汉市新洲区	阳新县	大冶市	宜昌市夷陵区	当阳市	枝江市
仙桃市	南漳县	谷城县	潜江市	宜城市	京山县(今京山市)	沙洋县	钟祥市
孝昌县	云梦县	应城市	安陆市	汉川市	公安县	监利县(今监利市)	江陵县
石首市	洪湖市	松滋市	团风县	浠水县	蕲春县	黄梅县	麻城市
武穴市	咸宁市咸安区	嘉鱼县	崇阳县	赤壁市	广水市	天门市	鄂州市
老河口市	襄阳市襄州区						

非粮食主产区(29个)：							
武汉市蔡甸区	十堰市郧阳区	郧西县	竹山县	竹溪县	房县	远安县	兴山县
秭归县	宜都市	保康县	大悟县	红安县	罗田县	英山县	通城县
通山县	恩施市	利川市	建始县	巴东县	宣恩县	咸丰县	来凤县
鹤峰县	神农架林区	丹江口市	长阳土家族自治县	五峰土家族自治县			